Das bietet Ihnen die CD-ROM

Auf der CD finden Sie zu den in diesem Buch vorgestellten Methoden des Risiko- und Chancenmanagements Formblätter im Format
Microsoft Word. Die Formblätter sind klar und übersichtlich gestaltet und können leicht Ihren individuellen Anforderungen angepasst
werden. Außerdem finden Sie eine nützliche Software für das Risikomanagement im Projekt.

Formblätter:

- Nominale Gruppentechnik
- Analyse möglicher Kausalketten
- Maßnahmen für mögliche Chancen im Projekt
- Maßnahmen gegen mögliche Risiken im Projekt
- Tabelle zur Situations-, Maßnahmen-, und Ergebnis-Analyse
  (SMEA) für Projekte
- SMEA-Risiko-Management-Detailblatt
- SMEA-Chancen-Management-Detailblatt
- SMEA erweitert – Risiko- und Maßnahmen-Übersicht
- Detailblatt zur erweiterten SMEA – Risiko- und Maßnahmenana-
  lyse
- Fehler-, Möglichkeiten- und Einfluss-Analyse (FMEA) für Projek-
  te

Software:

RMS – Eine einfach zu bedienende Anwendung und ein nützliches
Tool zur Dokumentation und Kommunikation des Chancen- und Risikomanagements im Projekt.

Bibliographische Information Der Deutschen Bibliothek

Die Deutsche Bibliothek verzeichnet diese Publikation in der Deutschen National-
bibliographie; detaillierte bibliographische Daten sind im Internet über
http://dnb.ddb.de abrufbar.

ISBN 10: 3-448-06819-5   Bestell-Nr. 00231-0001
ISBN 13: 978-3-448-06819-1

© 2006, Rudolf Haufe Verlag GmbH & Co. KG
Niederlassung München
Redaktionsanschrift: Postfach, 82142 Planegg
Hausanschrift: Fraunhoferstraße 5, 82152 Planegg
Telefon: (089) 895 17-0,
Telefax: (089) 895 17-290
www.haufe.de
online@haufe.de
Lektorat: Stephan Kilian

Redaktion und Desktop-Publishing: Agentur Gorus, Engen und Berlin
Umschlag: 102prozent design, Simone Kienle, Stuttgart
Druck: Bosch-Druck GmbH, 84030 Ergolding

Zur Herstellung dieses Buches wurde alterungsbeständiges Papier verwendet

Risikomanagement in Projekten

Uwe Rohrschneider

Haufe Mediengruppe
Freiburg · Berlin · München

Inhaltsverzeichnis

Geleitwort der GPM

Das Umfeld von Projekten wird immer komplexer. Gleichzeitig steigt der Wettbewerbsdruck, so dass Projekte immer enger kalkuliert werden müssen. In einer solchen Situation ist es nicht selten, dass kleine Änderungen große Wirkungen entfalten. Aus einem hochprofitablen, pünktlichen Projekt wird ein Verlustprojekt, das den zugesagten Endtermin nicht mehr halten kann. Leider ist der Umgang mit den Risiken im Projekt trotz der vielen Methoden, die dazu zur Verfügung stehen, oft nicht befriedigend. In vielen Fällen sind die Methoden nicht bekannt und das Personal hat keine Zeit, sich das notwendige Wissen anzueignen.

Das vorliegende Buch gibt bei einem Minimum an Theorie eine Menge an praktischen Hinweisen, wie die Risiken (und Chancen!) in einem Projekt zu erkennen und zu bewerten sind. Eine Fülle von Checklisten und Formularen werden mit praxisnahen Beispielen erläutert. Auch rechtliche und kaufmännische Fragestellungen werden behandelt, ebenso wie das Thema der Dokumentation beim Risikomanagement. Der professionelle Leser wird auch das auf der CD mitgelieferte Softwaresystem zu schätzen wissen, das ihn bei seinem Risikomanagement unterstützen kann.

Wir gehen davon aus, dass dieses Buch vielen Praktikern eine Hilfe bei der Einführung eines Risikomanagementsystems in ihrer Organisation sein wird. Wir wünschen Ihnen eine interessante Lektüre und viel Erfolg mit Ihren Projekten, bei denen Sie in Zukunft von den Risiken nicht mehr überrascht werden, sondern vielmehr die Chancen nutzen werden.

Prof. Dr. Nino Grau

Vorstand der GPM

Deutsche Gesellschaft für Projektmanagement e.V.

Vorwort und Einführung

„No risk, no fun." – Wer hat diese Worte nicht schon einmal gehört, wenn im Projekt etwas schief zu gehen drohte oder das Malheur bereits geschehen war? Manchmal vielleicht mit einem sarkastischen Lächeln, manchmal mit einem Achselzucken ausgesprochen, fast immer aber so, als lasse sich ohnehin nichts machen.

„So etwas passiert eben", lautet ein anderer Standardkommentar. Das klingt nach unabänderlichem Schicksal, als ob Erfolg oder Misserfolg eines Projekts irgendwie vorbestimmt seien. Vor vielen Jahren sah ich in einer metallverarbeitenden Fabrik einmal ein Schild der Berufsgenossenschaft mit der Aufschrift „Unfälle passieren nicht. Unfälle werden verursacht". Ebenso ist es mit schädlichen und nachteiligen Entwicklungen im Projekt. Sie entstehen nicht von selbst, sondern sie haben Ursachen. Sie kündigen sich an, und man kann etwas gegen sie tun. Analog gilt natürlich auch für Verbesserungen, dass sie nie von selbst eintreten.

So etwas passiert eben ...

Management von Risiken und Chancen im Projekt bedeutet also nicht, auf zufällige Ereignisse irgendwie zu reagieren und ansonsten abzuwarten, was passiert. Es heißt vielmehr, systematisch nach Risiken, aber auch Verbesserungsmöglichkeiten zu suchen und dann aktiv gestalterisch zu wirken. Um das leisten zu können, sollten Sie wissen, was Sie tun.

Chancen und Risiken werden oft unzureichend gemanagt

Viele verbinden die Begriffe „Projekt" und „Projektarbeit" automatisch mit Innovationen und Neuerungen, die naturgemäß besondere Chancen und Risiken in sich tragen. In der Theorie ist das den meisten auch klar. Die Praxis zeigt dann aber häufig eine geringe bis nicht vorhandene Neigung, tatsächlich ein konsequentes und systematisches Management von Chancen und Risiken folgen zu lassen.

Dies ist umso bemerkenswerter, als auch in der Fachliteratur immer wieder auf die Bedeutung des Risikomanagements als Teil eines erfolgreichen Projektmanagements hingewiesen wird. Ich zitiere hier einen erfahrenen Projektleiter mit den Worten: „Erfolgreiches Projektmanagement, insbesondere in der Phase der Projektabwicklung, bedeutet das Beherrschen von Terminen, Änderungen und Risiken im Projekt".

Dennoch scheint es – vielleicht auch psychologisch begründete – Hemmnisse zu geben, die verhindern, dass Theorie und praktische Umsetzung einander entsprechen. Vielmehr ist es immer noch so, dass Menschen den Gedanken an Risiken großenteils verdrängen, sich manchmal davor fürchten und nur selten konsequent dagegen angehen – und wenn, dann allenfalls partiell und spontan, „aus dem Bauch heraus".

Projekte bergen hohe Risiken

Das Projektgeschäft beinhaltet aber sowohl für die Auftragnehmer- als auch die Auftraggeberseite hohe Risikopotenziale. Dies liegt an den spezifischen Eigenschaften der Arbeit in Projekten, die von ihrer Definition her stets einmalige, so noch nie dagewesene Vorhaben sind. Es gibt in ihnen deshalb weniger Sicherheiten aus Erfahrungen und Routinen, und anders kann es auch nicht sein. Dazu kommen weitere typische Merkmale für das Projektgeschäft, nämlich z. B. die Folgenden:

- Hohe Komplexität hinsichtlich des Leistungsumfangs, der eingesetzten Technik und der Bearbeitung
- Oft neuartige Techniken oder unerprobte Vorgehensweisen
- Häufig langfristige Planung und anschließend Abwicklung über lange und damit schwierig zu prognostizierende Zeiträume
- Festlegung von Preisen bzw. Kosten ohne sichere Orientierung am Markt, evtl. sogar ohne Kenntnis der endgültigen Technik und des endgültigen Leistungsumfangs
- Teils hohe Kosten durch Vorleistungen vor Geschäftsabschluss und schwankende Beschäftigung durch diskontinuierliche Auftragsvergabe bzw. Auftragseingänge

Aus Auftragnehmersicht kommen noch zunehmende Dienstleistungsanforderungen seitens des Kunden hinzu, sodann besondere Finanzierungsanforderungen sowie eine oft ungünstige Verteilung der Verantwortungs- und Entscheidungsbefugnisse (z. B. Auftraggeber und zwischen- oder parallel geschalteter Berater) und unklare Vertragssituationen.

Kritik zum Stand des Risikomanagements kommt auch von Heinz Schelle, Professor an der Universität der Bundeswehr in München, der nach fast 100 Industrieseminaren zum Projektmanagement diese Bilanz zieht: „In den meisten Unternehmen wird allenfalls über Risikomanagement geredet, praktiziert wird es nicht. Bestenfalls werden Checklisten ausgefüllt, um den Controller nicht zu verärgern (und den Vorschriften Genüge zu tun)."

In den meisten Unternehmen wird Risikomanagement nicht praktiziert

Nun ist es keineswegs so, dass Risikomanagement für Unternehmen und andere Institutionen ein Fremdwort wäre, im Gegenteil. Die wirtschaftliche Lage für Projektabwickelnde, also z. B. Komplett- und Systemanbieter in der Informationstechnologie, Anlagenbauer für Industrie und Öffentliche Hand aber auch unternehmensintern wirkende Organisatoren, ist durch starken Konkurrenzdruck und ausgeprägtes Preisbewusstsein gekennzeichnet. Dies führt im externen Geschäft zu nur sehr geringen durchsetzbaren Gewinnspannen, bei gleichzeitig wachsenden Kundenansprüchen und steigender Komplexität.

Praktische Erfahrungen aus Projekten im Maschinen- und Anlagenbau zeigen, dass kalkulierte Gewinnspannen bei ca. zwei Prozent, Risikopotenziale (monetär bewertet) aber bei zehn Prozent und mehr des gesamten Projektumsatzes liegen.

Risikopotenziale liegen bei zehn Prozent des Projektumsatzes

Nicht besser ist die Situation bei IT- oder Produktentwicklern. Hier sind es immer kürzer werdende Entwicklungszeiten, partielle Unklarheiten oder Änderungswünsche bis kurz vor Projektende sowie sinkende Budgets, die die Projektarbeit schwieriger machen. Diese Tatsachen zeigen, wie wichtig es ist, dafür Sorge zu tragen, dass Risiken vermieden und Chancen wahrgenommen werden, um das geplante Projektergebnis zu erreichen.

Natürlich gibt es in einigen beschränkten, technischen Arbeits- und Anwendungsgebieten bereits ein weit entwickeltes Risikomanagement. Zu nennen sind beispielsweise gesetzliche Regeln und Vorgehensweisen beim Betrieb von Kernkraftwerken oder chemischen Anlagen in Deutschland (Störfallverordnung bzw. Gefahrenstoffverordnung). Allen gemeinsam ist aber, dass sie sich mehr auf den Betrieb als auf die Errichtung beziehen.

Die Betriebsphasen bedeuten aber langfristige, nicht begrenzt definierte Zeiträume und sind damit keine Projekte. Insofern wird das Bild bei Projekten dadurch nicht besser. Gleiches gilt für Systeme des Risikomanagements, wie sie bei Versicherungen und Banken – zur laufenden kundenbezogenen Abschätzung eines Kreditausfalls oder zu Risiken bei der Kapitalanlage – angewendet werden.

Naturgemäß sind Fragen nach möglichen Risiken zunächst einmal eher unbeliebt. So entstehen dann „Killerphrasen", mit denen das Identifizieren und das Management von Risiken im Projekt abgeblockt werden. Bloß kein „negatives Denken", heißt es dann, bitte keine „Probleme aufwerfen", für deren Lösung man dann womöglich selbst verantwortlich gemacht wird, oder „keine Kritik in allgemeine Euphorie hinein". Dabei wäre es häufig so wichtig, den Betrachtungsstandpunkt auch einmal zu wechseln und die Frage „Schaffen wir das?" kritisch zu stellen. Wer die Frage nach Risiken aufwirft, stellt nicht gleich das Projekt in Frage. Im Gegenteil, er dient der Sicherung des Erfolgs eben dieses Projekts. Bei Fragen nach Chancen gilt das sowieso.

Im Projekt gibt es typischerweise nacheinander (gelegentlich auch in Schleifen) ablaufende Phasen und solche, die als Querschnittsfunktionen das Projekt über seine gesamte Dauer begleiten. Typische sequenzielle Phasen sind die der Planung, beginnend mit der Projektdefinition bis zum Start, die spätere Realisierungsphase und schließlich das Projektende. Typische Querschnittsfunktionen sind die Projekt- bzw. Aufbauorganisation, das Änderungsmanagement oder eben das Risikomanagement im Projekt. Risikomanagement beginnt also nicht erst, wenn das Projekt längst „auf Touren" ist oder „ins Stottern" gerät, sondern vom Start weg.

Die Lösung: Umdenken und Fingerspitzengefühl

In vielen Fällen bedeutet alleine schon der Start in das systematische Management von Risiken und Chancen im Unternehmen ein Umdenken. Der Weg ist das Ziel – oder zumindest schon ein Teilziel. Wer sich überhaupt mit Risiken beschäftigt, macht schon ein großen Schritt nach vorne.

Und noch ein Hinweis gleich zu Anfang: Als Projektleiter benötigen Sie neben allem Wissen über Methoden und Techniken insbesondere zwei Eigenschaften: Fingerspitzengefühl und Augenmaß. Für den Umgang mit Risiken und Chancen in Projekten gilt darüber hinaus, dass Sie am besten mit gesundem Menschenverstand an die Dinge herangehen.

Hierzu ein Beispiel aus dem privaten Umfeld: Sie denken über eine Zusatzversicherung für den Krankheitsfall nach. Dann wägen Sie Ihr persönliches Risiko ab, überlegen sich mögliche Nachteile, welche durch die Versicherung vermeidbar wären und sehen sich an, welche Kosten Ihnen entstehen. Dann treffen Sie Ihre Entscheidung.

Im Grunde ist es ganz einfach. Das gilt für das Management von Chancen und Risiken im Projekt aber auch. Alle Methoden, Tipps und Formeln dieses Buches sind letztlich nur Hilfen, um Fähigkeiten zu aktivieren und zu unterstützen, die Sie meist ohnehin besitzen.

Was Ihnen dieses Buch bietet

Mit diesem Buch wird Ihnen als Projektleiter oder anderweitig am Projekt Beteiligter ein praxisorientierter Leitfaden an die Hand gegeben. Die hier vorgestellten Arbeitstechniken richten sich nach dem, was sich in jahrelanger Praxis bewährt hat. Damit können Sie Risiko- und Chancenmanagement schnell und unkompliziert in Ihrer eigenen Arbeit im Projekt umsetzen.

Theoretische Grundlagen werden nur dort vermittelt, wo es zum Verständnis zwingend erforderlich ist. Den Schwerpunkt bilden Methoden, Arbeitstechniken und sofort umsetzbare Anwendungshinweise. Hinzu kommen vielfältige Beispiele aus verschiedenen Projekterfahrungen und komprimierte Tipps aus der GPM-Praxis. Damit erhalten Sie einen Leitfaden, dem Sie unmittelbar folgen können, der aber auch von Ihnen angepasst werden kann.

An einigen Stellen werden Sie auch „Sprungmarken" finden, nämlich Hinweise auf folgende Detaillierungen oder Besonderheiten für Kenner des Themas, die man in einem ersten Durchgang vielleicht noch nicht in ganzer Tiefe braucht.

Formblätter, Checklisten, Arbeitshilfen

Unterstützt wird die Darstellung durch Formblätter, Checklisten und Bearbeitungshilfen, die Sie unmittelbar übernehmen und später individuell verändern können. Auf der beigefügten CD finden Sie zusätzlich die Software „RMS". Diese einfach zu bedienende Anwendung ergänzt die papierenen Unterlagen ideal um ein nützliches Tool zur Dokumentation und Kommunikation des Chancen- und Risikomanagements im Projekt. Die Formblätter finden Sie ebenfalls auf der CD zum Buch.

Am besten erst einmal Ordnung schaffen

Bevor Sie mit dem Buch arbeiten, empfehle ich Ihnen, sich mit einem Klassifizierungsschema vertraut zu machen, das es Ihnen erleichtert, die vorgestellten Instrumente richtig anzuwenden. In den folgenden Kapiteln werden Ihnen zahlreiche Arbeitshinweise und Formblätter vorgestellt, mit denen das Management von Risiken und Chancen im Projekt geplant und realisiert werden kann. Dabei werden nicht alle Vorgehensweisen in ganzer Intensität bei jedem Projekt sinnvoll sein.

Wenn Sie eine solche Einteilung zunächst noch nicht vornehmen möchten, können Sie den folgenden Rest der Einführung natürlich auch überspringen und sich gleich dem ersten Kapitel zuwenden.

Sie sind noch da? Gut, dann weiter.

A-, B- und C-Projekte

Auch wenn manchmal ein kleines und scheinbar problemloses Projekt ganz unerwartet erhebliche Risiken in sich bergen kann, wird es doch in der Regel so sein, dass nicht bei jedem Projekt sofort alle Möglichkeiten des Risikomanagements ausgeschöpft werden.

Anhand des hier vorgestellten Klassifizierungsschemas können Sie eine Ordnung schaffen, nach der sich richtet, welche Maßnahmen des Risikomanagements in welcher Intensität getroffen werden „müssen", „sollen" oder „können". Bewährt hat sich zu diesem Zweck eine Einteilung in A-, B- und C-Projekte.

Diese Klassifizierung ist auch kompatibel mit vergleichbaren Schemata in anderen Zusammenhängen. So ist eine solche Einteilung von Projekten beispielsweise auch nach US-GAAP (Generally Accepted Accounting Principles) vorgesehen, auch wenn diese Rechnungslegungs- und Bilanzierungsvorschriften, die als internationale Standards gelten und beginnen, deutsche Vorschriften abzulösen oder zu ergänzen, natürlich ein anderes Ziel verfolgen.

Für die Frage des Einsatzes von Instrumentarien zum Risikomanagement in Projekten ist nun nicht der absolute Projektumfang, gemessen in finanziellen Werten, ausschlaggebend. Vielmehr ist der Grad der Komplexität entscheidend – je komplexer ein Projekt, desto mehr Risiken können ihm drohen.

Nachstehend wird eine formalisierte Vorgehensweise vorgestellt, mit der sich Projekte einfach und schnell nach ihrem Komplexitätsgrad einteilen lassen. Für eine erste Orientierung ist das ausreichend.

Projekte nach ihrem Komplexitätsgrad einteilen

Das Vorgehen ist in einem Formblatt festgelegt, dessen Grundprinzip auf folgenden Gedanken beruht: Zunächst einmal gibt es einzelne Faktoren, die jeder für sich die Komplexität des Projekts erhöhen. Dies sind z. B. der Wert des Projekts, die Anzahl der Mitarbeiter im Projekt oder die Menge der zu erwartenden Änderungen.

Diese Faktoren werden nun einzeln mit Punkten bewertet, die Sie am Schluss zu einer Summe addieren. Die unterschiedliche Gewichtung der Faktoren untereinander wird durch die unterschiedlich hohe Punktzahl ausgedrückt.

Zum zweiten gibt es übergreifende Faktoren, die Auswirkungen für das Projekt als Ganzes haben und es erleichtern oder erschweren können. Dazu gehört z. B. die Qualität der Zusammenarbeit mit dem Auftraggeber. Wenn Sie ein gutes Verhältnis zum Auftraggeber haben, erleichtert das die Definition der Projektziele ebenso wie die Berücksichtigung von Änderungen.

Diese übergreifend wirkenden einzelnen Faktoren werden zu einem Multiplikator zusammengestellt, der dann auf die im ersten Schritt ermittelte Punktsumme wirkt. Die Rechenregel lautet also: *Summe der Punkte der Einzelfaktoren mal Problemfaktor gleich Komplexitätskennziffer.*

Diese Komplexitätskennziffer wiederum ist die Größe zur Kategorisierung des ganzen Projekts als A-, B- oder C-Projekt.

Nachfolgend werden nun die Größen im Einzelnen beschrieben, die dann in der Tabelle zur Berechnung verwendet werden. Die Tabellen enthalten Ausprägungen und dazu gehörende Punktzahlen. Diese Punkte liefern Anhaltsgrößen, die zunächst einfach so zu verwenden sind. Später können an deren Stelle von den Beurteilenden auch abweichende Zwischenwerte eingesetzt werden. Ebenso sind selbstverständlich Anpassungen, z. B. beim Einzelfaktor „Auftragswert" nötig, wenn die Projekte beim Anwender in anderen Größenordnungen liegen.

Bei den übergreifenden Problemfaktoren sind Ausprägungen größer als eins möglich, dann handelt es sich um einen Problemfaktor im eigentlichen Sinne. Liegt der Faktor unter eins, deutet dies eher auf eine Erleichterung gegenüber dem Normalfall. Eine gewisse „Durchschnittsproblematik" und nicht das unerreichbare Ideal wird also als Normalfall angesehen.

Faktor	Ausprägung Punkte	Ausprägung Punkte	Ausprägung Punkte	Ausprägung Punkte	Punkte im Projekt
1. Auftragswert	unter 50 t€ 10	bis 200 t€ 20	bis 500 t€ 30	über 500 t€ 50	
2. Wertschöpfung	unter 20 t€ 10	bis 100 t€ 20	bis 200 t€ 40	über 200 t€ 60	
3. Spezifikation	detailliert 5	eher det. 15	wenig det. 25	sehr grob 40	
4. Innovation	gering 5	eher gering 15	eher hoch 30	hoch 60	
5. Technik	bekannt 5	eher bek. 15	eher unbek. 30	neu 50	
6. Schnittstellen extern	keine 0	bis drei 10	bis sechs 20	über sechs 30	
7. Projektbeteiligte intern	einer 0	bis drei 5	bis sechs 10	über sechs 15	
8. Projektbeteiligte extern	einer 0	bis drei 5	bis sechs 10	über sechs 15	
9. Sonstige Anforderungen	keine 0	eher gering 20	eher hoch 30	hoch 40	
Summe					

Tabelle 1: Einzelfaktoren, Ausprägung und Punkte für die Berechnung

Erläuterungen zu Tabelle 1:

1. Auftragswert = Umsatzwert des Projekts für den Auftragnehmer
2. Wertschöpfung = Umsatz minus Lieferungen und Leistungen anderer
3. Spezifikation = Detaillierung der Spezifikation, Klärung mit Kunden
4. Innovation = Grad der prinzipiellen Neuheit
5. Technik = Grad der eigenen technischen Erfahrung
6. Schnittstellen extern = Notwendigkeit der Anbindung an Fremdtechnik
7. Projektbeteiligte intern = Zahl der projektintern Beteiligten (Projektpersonal)
8. Projektbeteiligte extern = Zahl der Schnittstellen zu projektexternen Beteiligten
9. Sonstige Anforderungen = Weitere besondere Anforderungen

	Faktor	Faktor	Faktor	Faktor	Faktor im Projekt
1. Planungssituation	gut 0,8	ausreichend 1	wenig 1,3	sehr wenig 1,7	
2. Terminsituation	unkritisch 0,8	eher unkritisch 1	eher kritisch 1,4	kritisch 1,8	
3. Personalqualität	gut 0,7	eher gut 1	weniger erf. 1,2	unerfahren 1,5	
4. Beziehung zum AG	gut 0,8	eher gut 1	weniger gut 1,3	schlecht 1,7	
5. Beziehung zu Beteiligten	gut 0,9	eher gut 1	weniger gut 1,2	schlecht 1,5	
6. Ort der Abwicklung	vor Ort 0,9	deutschsprachig 1	westl. Standard 1,1	übrige Welt 1,5	
7. Änderungsbedarf	gering 0,8	eher gering 1	eher hoch 1,4	hoch 1,7	

8. Vertragliche Situation	klar und gut 0,9	Befriedigend 1	unklar 1,5	negativ 1,8	
9. Sonstige Probleme	unbedeutend 0,9	gering 1	eher bed. 1,2	bedeutend 1,5	
Summe und Durchschnitt als Faktor					

Tabelle 2: Übergreifende Problemfaktoren, Ausprägung und Punkte für die Berechnung

Erläuterungen zu Tabelle 2:

1. Planungssituation = Grad und Gelegenheit der Projektplanung
2. Terminsituation = Enger Zeitrahmen und/oder externe Vorgaben
3. Personalqualität = Erfahrungsstand und Motivation
4. Beziehung zum AG = Beziehung zum Auftraggeber, evtl. auch zum Endkunden
5. Beziehung zu Beteiligten = Beziehung zu anderen Projektbeteiligten und Subs
6. Ort der Abwicklung = westl. Standard bedeutet Westeuropa, Nordamerika, Australien
7. Änderungsbedarf = Erwartete Change Requests und Claims, Verfahrensstand
8. Vertragliche Situation = Klarheit und keine ungünstigen Regelungen
9. Sonstiges = Raum für einen weiteren Faktor

Die aus den Einzelfaktoren der Tabelle 1 gebildete Summe von Punkten wird dann mit dem als Durchschnitt in der Tabelle 2 gebildeten Faktor multipliziert. Daraus folgt als Größe eine „Komplexitätskennziffer", die zu folgender Einordnung des Projekts führt:

- bis 80 Punkte = C-Projekt
- bis 200 Punkte = B-Projekt
- über 200 Punkte = A-Projekt

Diese Klassifizierung löst dann die entsprechende Intensität und Anwendung von Verfahren aus. So ist z. B. eine detaillierte Risikoanalyse in der Angebotsphase für ein C-Projekt ein „kann" (meist reicht zunächst eine Checkliste), beim B-Projekt ein „soll" (ein Projekt mit einem solchen Komplexitätsgrad kann schon zu erheblichen Risiken führen, evtl. lohnt es gar nicht, in ein Angebot zu investieren) und schließlich beim A-Projekt ein „muss". Einzelne Verfahren zur Risikobearbeitung sollten deshalb so gekennzeichnet werden, dass sie in das Klassifikationsschema für die Projekte passen.

Zum Abschluss die empirische Verteilung bei der Anzahl von Projekten eines Unternehmens, das Projekte verschiedenster Größenordnung bearbeitet:

- A-Projekte: ca. 5 bis 10 Prozent der Gesamtzahl
- B-Projekte: ca. 10 bis 40 Prozent der Gesamtzahl
- C-Projekte bilden den Rest.

Diese Zahlen stimmen natürlich nur dort, wo verschiedene Größenordnungen vorkommen und nicht mehr, wenn z. B. eine Entwicklungsmannschaft mehrere Jahre mit der Entwicklung eines neuen Produkts beschäftigt ist.

1 So erkennen Sie Risiken und Chancen in Ihrem Projekt

Wer Risiken und Chancen im Projekt managen will, muss erst einmal eine möglichst genaue Vorstellung davon entwickeln, was Risiken und Chancen überhaupt sind. „Risiko" ist ebenso wie „Chance" ein Begriff des alltäglichen Sprachgebrauchs und wird nicht überall in der gleichen Bedeutung verwendet.

Ein Blick in den Duden erklärt das Wort „Risiko" erstens als „ein mögliches zukünftiges Ereignis, das zu unerwünschten Folgen führt" und zweitens als „die unerwünschten Folgen selbst". Für den Begriff „Chance" werden im Duden die Erläuterungen „günstige Gelegenheit" und „Aussicht auf Erfolg" gegeben. Den Definitionen ist gemeinsam, dass die Ereignisse in der Zukunft liegen und dass sie bestimmte Folgen haben. Auf das Projektmanagement übertragen fasse ich beide Begriffe im Folgenden aber noch etwas enger.

Was „Risiko" und „Chance" bedeuten

Zunächst ist noch einmal festzuhalten, dass Risiken abschätzbar oder gar berechenbar sind. Sie unterscheiden sich dadurch von allgemeinen Gefahren. Erst durch einen konkret benennbaren Grund wird aus einer allgemeinen Gefahr eine Bedrohung, also ein Risiko für Ihr Projekt.

1.1 Planung als Grundvoraussetzung

Ausgangspunkt und Voraussetzung für das Risikomanagement ist, dass es im Projekt zunächst einmal eine Planung gibt, also eine Vorwegnahme dessen, was erreicht werden soll, und des Weges dorthin. Das muss nicht in allen Fällen ein detaillierter, umfassender und ausgefeilter Projektplan sein. Planung umfasst vielmehr alle zukunftsgerichteten Vorstellungen, die noch nicht realisiert sind. Wenn z. B. Risiken als „unerwünschte Folgen" definiert werden, sind diese „Unerwünschtheiten" nur festzustellen und zu bewerten, wenn vorher definiert wurde, was denn „erwünscht" ist. Planung beginnt demnach mit ersten, groben Vorstellungen, unter welchen Voraussetzungen und wie das Projekt abgewickelt werden soll, also welche Umstände für seinen Verlauf unterstellt werden.

Ein Bonmot sagt: „Planung ist der Ersatz des Zufalls durch den Irrtum." Manchmal soll das als Alibi dienen, gar nicht zu planen. Aber es gibt einen entscheidenden Unterschied zwischen Zufall und Irrtum: Zufällen ist der Betroffene wehrlos ausgesetzt; als Planender hat er immerhin die Chance, sich vom größeren zum immer kleineren Irrtum zu entwickeln. Risiken und Chancen sind die möglichen negativen oder positiven Abweichungen von dem, was geplant ist. In logischer Folgerung daraus kann die Identifikation und Analyse einer Abweichung keinen anderen Bezugspunkt haben als die Planung.

Wichtig ist deshalb, stets im Auge zu behalten, welchen Reifegrad die Planung in einer bestimmten Phase des Projekts hat. Dabei ist es ein Gebot der Unternehmenskultur, Planenden und vor allem auch den Planungsempfängern klar zu machen, dass es in den weiteren Durchgängen – so genannten Iterationen – der Planung Abweichungen aufgrund neuer Erkenntnisse nicht nur geben kann, sondern geben muss.

Denn trotz aller Planung wird die Wirklichkeit im Projektverlauf immer anders aussehen als der Plan. Es kommt zu Abweichungen, nämlich vertraglichen Änderungen, die zu Changeorders und Claims führen (siehe Kapitel 5), oder anderen Änderungen gegenüber den Planungen, wie z. B. Schätzungenauigkeiten und Anpassungen an Risiken und Chancen (siehe Kapitel 2 bis 4).

Achtung:

Planen Sie auf jeden Fall – auch wenn Sie eine noch unsichere Basis dafür haben. Projekt- und Projektmanagementpläne sind zwingende Voraussetzungen, um gezielt auf den Projekterfolg hinzuarbeiten. Die ungenaueste Planung ist immer noch besser als gar keine. Denn erstens ist auch bei einer Planung mit unsicheren Eingangsgrößen wenigstens begonnen worden, das Projekt geistig zu durchdringen, und zweitens liefert auch eine ungenaue Planung einen Maßstab für das Erkennen von Abweichungen und Irrtümern – was sonst gar nicht möglich wäre.

Änderungen gegenüber der Planung lassen sich nochmals unterscheiden in Abweichungen im Rahmen dessen, was in der Planung absehbar war, und überraschende, in der Planung bisher überhaupt nicht vorhersehbare Ereignisse. Abweichungen gegenüber dem, was in der Planung absehbar war, sollen hier als „Schätzungenauigkeiten" bezeichnet werden. Überraschende und neue Sachverhalte sind dagegen „Risiken" und „Chancen" im engeren Sinne. Eine Schätzungenauigkeit liegt immer dann vor, wenn ein Sachverhalt im Prinzip erkannt und kalkuliert, aber der Aufwand falsch eingeschätzt wurde. Risiken bzw. Chancen im engeren Sinne sind dagegen noch in keiner Planung berücksichtigt worden.

Schätzungenauigkeiten sind keine Risiken

Beispiel:

In einem Software-Entwicklungsprojekt sind zunächst die Phasen bzw. Einzelergebnisse strukturiert und daraus Arbeitspakete abgeleitet worden. Dabei wurde für die Erstellung eines Moduls in der Entwicklungsabteilung der Einsatz eines durchschnittlich erfahrenen Mitarbeiters vorgesehen und ein Aufwand von zehn Arbeitstagen kalkuliert.

Einer der Mitarbeiter bearbeitet und erstellt dieses Modul, aber es stellt sich als etwas schwieriger zu realisieren heraus, so dass für die Arbeit statt der geplanten zehn letztlich vierzehn Arbeitstage aufzuwenden sind.

Ein von vornherein prinzipiell eingeplantes Arbeitspaket verursachte also mehr Aufwand, als ursprünglich vorgesehen, d. h., man hat den Aufwand falsch eingeschätzt. Es ergab sich mit anderen Worten eine Schätzungenauigkeit.

Schätzungenauigkeiten werden ermittelt, indem nach der Schätzung des Aufwands zusätzlich die mögliche Bandbreite der Abschätzungsfehler taxiert wird. Aus Schätzungenauigkeiten ergeben sich Reserven, die dann meist in der Verfügung des Projektleiters liegen, der für ihre Verwendung im vorgesehenen Rahmen zu sorgen hat. Bei Risiken und Chancen dagegen können keine Reserven eingeplant werden.

Beispiel:

In einem zweiten Fall beginnt der Mitarbeiter in einem Software-Entwicklungsprojekt die Erarbeitung eines Moduls, wird aber nach vier Tagen der Arbeit für eine nicht absehbare Zeit krank. Das Modul muss deshalb von einem anderen, weniger erfahrenen Mitarbeiter ausgeführt werden. Da die Dokumentation der bis dahin erzielten Arbeitsergebnisse unzureichend ist, muss dieser noch einmal von vorne beginnen.

Letztlich benötigt er 15 Arbeitstage, so dass zusammen mit den bereits angefallenen Arbeitstagen für die Erstellung des Moduls 19 Arbeitstage benötigt wurden. Der Unterschied zum vorherigen Fall besteht darin, dass niemand mit der Krankheit des ursprünglich eingesetzten Mitarbeiters rechnen konnte. Außerdem waren in der Kalkulation seine Erfahrungen mit eingeschätzt worden, die sein Ersatzmann nicht einbringen konnte.

Hier ist gegenüber der Planung ein zusätzliches, ungeplantes Ereignis (die Krankheit) eingetreten und außerdem eine unterstellte Rahmenbedingung (Erfahrung) ausgeblieben. Solche prinzipiellen Abweichungen gegenüber der vorherigen Planung werden im hier negativen Fall als „Risiko" bezeichnet.

Genauso könnte es sein, dass für die Lösung der Aufgabe unerwartet ein besonders erfahrener Mitarbeiter zur Verfügung steht. Dieser kann aufgrund seiner wiederverwendbaren Vorkenntnisse erheblich schneller zu noch besseren Ergebnissen kommen. Wer diese Möglichkeit erkennt und umsetzt, realisiert eine Chance.

Die Betrachtung von Risiken und Chancen geht also stets über die Perspektive der bisherigen Planung hinaus und berücksichtigt nicht Vorhergesehenes. Dies hat auch später an mehreren Stellen Konsequenzen, z. B. in der Planung von (zusätzlichen) Maßnahmen oder in der Vor- und Mitkalkulation.

Ziel des Projektmanagements ist es zunächst immer, das Projekt so wie geplant abzuwickeln. Das bedeutet im klassischen Sinne, dass Sachziele, Kostenziele und Terminziele erreicht werden. Betrachten Sie Risiko- und Chancenmanagement deshalb als aktiven Umgang mit den Möglichkeiten von Abweichungen aufgrund zusätzlicher ungeplanter Ereignisse.

Risiko- und Chancenmanagement ist dabei immer ein impliziter Bestandteil des Projektmanagements, die Frage ist also nicht ob, sondern lediglich wie es betrieben wird. Unterscheiden Sie zwischen der eigentlichen Planung mit ihren möglichen Abweichungen (Schätzungenauigkeiten) und Risiken und Chancen als zusätzlich zu betrachtende Elemente. Diese Unterscheidung hilft Ihnen, Risiken und Chancen, spätere Maßnahmen, Kosten usw. in der Projektmanagement-Philosophie und im Planungsprozess einzubinden.

1.2 Arten von Risiken erkennen – und richtig reagieren

Nachdem Sie nun wissen, wann genau von Risiken und Chancen im engeren Sinn zu sprechen ist, gilt es nun, diese näher zu betrachten und Grundmuster angemessener Reaktionen zu erkennen. „Wo Risiken sind, sind auch Chancen", werden Sie vielleicht manchmal hören. Das klingt gut, stimmt aber leider nur bedingt. Warum? – Weil es neben so genannten bidirektionalen auch unidirektionale Risiken gibt, denen keine Chance gegenübersteht.

Unidirektionale und bidirektionale Risiken

Unidirektional bedeutet, dass ein Ereignis eintreten kann, und daraufhin die Wirkung eintritt. Tritt das Ereignis dagegen nicht ein, dann bleibt auch die Wirkung aus, und die Situation ist so, wie bei der Planung angenommen. Hier gilt die Parität von Risiken und Chancen also nicht. Das können Sie sich anhand einfacher Beispiele aus dem Alltag veranschaulichen.

Beispiele:

Ich plane, als Fußgänger eine Straße zu überqueren. Ich könnte dabei von einem Auto angefahren werden (Risiko) oder die andere Straßenseite erreichen, ohne angefahren zu werden. Letzteres ist der bei der Planung unterstellte Normalfall, sonst bliebe ich auf meiner Straßenseite.

Ich kann, wenn ich mir ein Los kaufe, in der Lotterie gewinnen (Chance) oder nicht (leider auch der Normalfall).

In beiden Fällen gibt es nur eine Richtung für die Abweichung, daher die Bezeichnung unidirektional.

Bidirektional bedeutet, dass eine Abweichung in beide Richtungen, zum Schlechteren und zum Besseren, gerichtet sein kann. Risiko und Chance bestehen also gleichermaßen (wobei die Möglichkeiten für den Richtungswechsel gleich oder auch verschieden groß sein können). Auch das zeigt bereits die Alltagserfahrung.

Beispiel:

Ich denke über eine Geldanlage in Aktien nach. Hier können die Aktienkurse fallen (Risiko) oder steigen (Chance), also ein bidirektionaler Fall. Beide Entwicklungsrichtungen können dabei gleich oder auch unterschiedlich wahrscheinlich sein.

Nachteil und Nutzen bestehen zwar häufig gleichzeitig, wirken sich aber bei verschiedenen Parteien aus (der Verlust des einen aus dem Aktiengeschäft ist der Gewinn des anderen).

Risiken nach der Art der Wirkung einteilen

Für ein systematisches Risikomanagement helfen weitere Klassifizierungen, die richtigen Handlungsmöglichkeiten zu finden. Risiken werden deshalb auch nach ihrer Wirkung eingeteilt (wobei das Wort „Risiko" auch wieder jeweils durch „Chance" ersetzbar ist). Zu unterscheiden sind folgende Arten von Risiken:

• **Leistungsrisiko** – Die eigene Leistung wird vom Kunden nicht anerkannt oder die fremde Leistung entspricht nicht den eigenen Anforderungen.

• **Zeitrisiko** – Die eigene Leistung wird später fertig oder die Zulieferung erfolgt später als erwartet.

• **Kostenrisiko** – Die eigene oder die fremde Leistung wird teurer als erwartet.

Prinzipiell ist folgendes Verhalten gegenüber allen erkannten Risiken denkbar: Wenn das Risiko nicht vermieden werden kann, nimmt man vom Projekt ganz oder teilweise Abstand. Letzteres kann im Einzelfall richtig sein (manchmal sind die Geschäfte die besten, die man nicht gemacht hat), als generelle Geschäftspolitik ist dies aber wohl auszuschließen.

Erst wenn Möglichkeiten, Maßnahmen und Wege gesucht werden, aktiv gegen Risiken vorzugehen oder Chancen zu realisieren, kann zu Recht von Risikomanagement gesprochen werden. Dieser Prozess des Risiko- (und analog Chancen-) Managements bedeutet, dass Sie diesen Schritten folgen:

- Identifizieren
- Analysieren
- Bewerten
- Priorisieren
- Maßnahmen suchen
- Maßnahmen beschließen und einleiten

Ergänzt wird dieses Vorgehen später noch durch die Schritte

- Beurteilen der Situation nach den ergriffenen Maßnahmen
- Controlling der Wirkung von Maßnahmen

Gerade die beiden letztgenannten Schritte bilden eine besondere, ergänzende Betrachtungsweise gegenüber üblichen Ansätzen des Risikomanagements. Maßnahmen beanspruchen (in der Regel knappe) Ressourcen und stehen deshalb in Konkurrenz zueinander. Erst die Beurteilung der Wirkung von Maßnahmen (Effektivität) im Vergleich zu ihren Kosten (Effizienz) liefert einen Hinweis darauf, welche Maßnahmen anderen vorzuziehen sind.

Effektive und effiziente Maßnahmen

Sämtliche Schritte werden in diesem Buch detailliert behandelt. Dabei beginne ich mit der Beschreibung der Schritte zum Identifizieren von Risiken, also damit, wie mögliche Risiken überhaupt erkannt werden.

1.3 Risiken vorausschauend erkennen

Die praktische Arbeit des Risikomanagements beginnt immer damit, Risiken zunächst einmal als solche zu identifizieren. Damit sollten Sie schon im Vorfeld des Projekts anfangen. Je früher, desto besser – dieser Grundsatz kann für die Suche nach Risiken und Chancen, sowie Mitteln und Wegen ihnen entgegenzuwirken oder sie zu fördern, uneingeschränkt gelten.

Schon bei Projektbeginn schätzen Sie das Verhältnis von Chancen und Risiken im Projekt auf der Grundlage der verfügbaren Informationen grob ein. Leider zeigt die Praxis, dass immer wieder Projekte begonnen werden, bei denen der mögliche Nutzen aus dem Vorhaben und die damit verbundenen Risiken in keiner vernünftigen Relation zueinander stehen.

Sie kennen solche Fälle schon aus dem privaten Bereich. So gab es in der Vergangenheit unzählige Modelle für die Vermögensanlage mit dem Ziel der Steuerersparnis. Immer wieder investierten Anleger große Summen, ohne sich das Investment, beispielsweise eine Immobilie, auch nur angesehen zu haben. Alleine die vermeintliche Chance vor Augen, Steuern sparen zu können, führte dazu, dass die Risiken solcher Investitionen völlig vernachlässigt wurden. In der Folge verloren viele Anleger viel Geld.

Risikomanagement ist kein einmaliger Vorgang zu Projektbeginn, sondern ein permanenter Prozess im Management des gesamten Projekts. Risikoidentifikation beginnt möglichst noch bevor eventuell teure Akquisitions- und Angebotsaktivitäten starten und Kapazitäten gebunden werden. Zu suchen ist deshalb nach Frühindikatoren, die eine schnelle und sichere Vorauswahl erlauben, was sich weiter zu verfolgen lohnt und was nicht.

„Wo ein Ball rollt, folgt ein Kind" – dieser alte und dennoch unvermindert gültige Hinweis zur Verkehrssicherheit kann im Prinzip auch auf das Risikomanagement angewendet werden. Es gilt, jene frühen Indikatoren zu finden, die noch nicht zwingend auf tatsächliche Risiken hindeuten und trotzdem bereits Warnhinweise liefern.

Beispiele:
Wenn das Projektpersonal heftige Diskussionen führt, die verstummen, sobald der Projektleiter in die Nähe kommt, oder wenn der Krankenstand steigt, könnten Personalprobleme Risiken für das Projekt bergen.

Wenn ein Kunde beginnt, verstärkt schriftliche Mahnungen und Warnungen vor (in dieser Form gar nicht existenten) Mängeln auszusprechen, könnten hieraus Hinweise auf verschärftes Claimmanagement abgeleitet werden oder auf Probleme beim Kunden selbst, gegen die dieser vorbauen will.

Wenn ein Zulieferer seine Leistung nur noch schleppend erbringt, ohne erkennbaren Grund sein Personal im Projekt auswechselt oder sein Kernpersonal kündigt, könnten hieraus Hinweise auf interne Probleme beim Zulieferer abgeleitet werden, z. B. wirtschaftliche Schwierigkeiten oder Führungsschwäche.

Solche Indikatoren sind wie eine Wetterstation, die vor einem nahenden Gewitter warnt, obwohl noch keine Wolke am Himmel zu sehen ist.

Frühindikatoren gelten dem erfahrenen Projektleiter als Alarmzeichen, lange bevor das eigentliche Risiko offen zu Tage tritt. Ein häufig unterschätztes Feld sind dabei die so genannten Stakeholder, also sonstige Interessensträger, die nicht unmittelbar mit dem Projekt zu tun haben, es aber dennoch beeinflussen, stören oder im Extremfall sogar verhindern können. Verbündete oder Gegner außerhalb des Projekts sind z. B. Verbände, Anwohner, politische oder andere Interessengruppen. Hier kann schon mangelhafte Kommunikation oder ungeschickte Wortwahl bei der Initiierung des Projekts zu Problemen führen.

Stakeholder können Probleme machen

Beispiel:

Als Anlagenbauer für die Stadtwerke einer ländlichen Kleinstadt planen Sie eine Müllverbrennung nach dem neuen Verfahren der „Müllverschwelung". So technisch korrekt das Wort auch sein mag, es riecht schon ungut, wenn man es nur hört. Deshalb fragen Sie sich: Wie wirkt das Projekt auf Anwohner und wie kann man Widerstand verhindern? (Vielleicht klingt „thermische Entsorgung" ja besser als „Müllverschwelung".)

Weitere zu beantwortende Fragen sind: Wie wird das Projekt unternehmensintern angesehen? Wurden bestimmte Erfahrungen mit dem Kunden gemacht, die heute noch nachwirken? Werden Sie es in Diskussionen mit tatsächlichen Bedenken oder mit Stellvertreterargumenten zu tun haben? Sind die geäußerten Sicherheitsbedenken gegen Ihre Anlage wirklich Sicherheitsbedenken oder geht es um etwas ganz anderes? Vielleicht befürchten die Anwohner, dass der Wert ihrer Häuser fallen könnte, wenn die Anlage in ihrer Nachbarschaft gebaut wird. Dass dann die Argumentation über die Sicherheit wenig hilfreich ist, leuchtet sicher ein.

Sie sollten immer alle Umstände zu betrachten versuchen, auch solche, die scheinbar mit Ihrem Projekt nichts zu tun haben und die es dennoch entscheidend beeinflussen können. Vielleicht wird Ihr internes Organisationsprojekt zur Rationalisierung und Einführung einer neuen Technik in der Vertriebsabteilung von den betroffenen Mitarbeitern mit dem Argument kritisiert, die angestrebte Lösung würde vom Kunden nicht akzeptiert. In Wirklichkeit aber mag es die bewusste oder unbewusste Angst um den Arbeitsplatz sein, die Opposition auslöst.

Fragen nach Stakeholdern können z. B. wie folgt lauten: Wer oder was könnte das Projekt nachhaltig stören oder sogar scheitern lassen? Wo können wir Verbündete außerhalb des Projekts finden? Wer kann welche zusätzlichen, nicht mit dem Projekt unmittelbar verbundenen Ziele haben? Welches sind die tatsächlichen, welches sind Stellvertreterargumente? Wo bilden sich möglicherweise Allianzen und wer könnte sich (zu Recht oder zu Unrecht) durch unser Projekt beeinträchtigt fühlen?

Achtung:

Starten Sie frühzeitig mit einer möglichst umfassenden Betrachtung eines Projekts und seines Umfelds. Denken Sie an wesentliche, das ganze Projekt möglicherweise gefährdende Risiken und schätzen Sie realistisch ab, ob der mögliche Nutzen aus dem Projekt und die damit verbundenen Risiken überhaupt in einem vernünftigen Verhältnis zueinander stehen.

Denken Sie dabei über die Grenzen Ihres Projekts hinaus. Ihnen als Fachexperte sind wahrscheinlich Dinge und Gegebenheiten klar und deutlich, andere müssen aber nicht zwangsläufig Ihren Gedanken folgen können. Gefühltes Misstrauen und Scheinargumente können an die Stelle sachlicher Argumente und rationaler Überlegungen treten. Versetzen Sie sich deshalb in die Lage und in die Gedankenwelt der anderen und versuchen Sie, das Projekt aus unterschiedlichen Perspektiven zu betrachten.

1.4 Wie Sie einzelne Risiken identifizieren

Zur Identifikation von Risiken (und Chancen) gibt es im Wesentlichen drei Methoden. Diese schließen sich nicht gegenseitig aus, sondern bauen aufeinander auf und ergänzen einander. Diese Methoden sind:

- Mittels Checklisten auf Erfahrungen zurückgreifen
- Mit offenen Fragen Suchfelder bearbeiten
- Kreativitätstechniken einsetzen

Mit jedem Schritt werden die Fragen zur Identifikation von Risiken dabei weniger formal und offener. Die Bearbeitung wird aber meistens auch aufwändiger und die Ergebnisse scheinen auf den ersten Blick weniger konkret zu sein.

Zunächst bietet es sich immer an, auf Erfahrungen aus anderen Projekten zurückzugreifen. Dazu dienen Fragen wie „Wo und mit welchen Ergebnissen wurde ein vergleichbares Projekt schon einmal abgewickelt?" oder „Wurden bereits Projekte für diesen Kunden oder mit diesen Partnern abgewickelt?" oder auch „Wurden bereits Projekte in diesem Land, in dieser Region, unter diesen Umständen abgewickelt?"

Greifen Sie auf Ihre Erfahrungen zurück

So selbstverständlich solche Fragen im ersten Moment zu sein scheinen, so wenig sind sie es leider. Die Weitergabe von Informationen über schlechte Erfahrungen, über eingetretene oder – genauso wichtig, aber psychologisch noch heikler – beinahe eingetretene Risiken sollte Teil der vielzitierten Unternehmenskultur sein. Diesem Umstand und den Möglichkeiten von Aufbau und Durchführung einer systematischen Erfahrungsverwertung trage ich in Kapitel 5 Rechnung.

Mit Checklisten auf Erfahrungen zurückgreifen

Wenn Sie damit beginnen möchten, Risiken zu identifizieren, können Sie Checklisten verwenden, die Sie unternehmensindividuell anlegen und pflegen müssen. Checklisten enthalten in der Regel geschlossene Fragen, also solche, die mit „Ja", „Nein" oder „Weiß nicht" zu beantworten sind. Eine Frage aus der Checkliste einer hausbesitzenden Familie vor dem Start in den mehrwöchigen Sommerurlaub könnte lauten: „Ist der Hauptwasserhahn im Keller abgestellt?" Fragen in Checklisten haben den Vorteil der Wiederholbarkeit, außerdem kann ihre Bearbeitung relativ schnell erfolgen. Was in der Checkliste steht, wird als Frage nicht vergessen, die Beurteilungen sind später nachvollziehbar.

Dauert die Beantwortung einer Frage aus der Checkliste einmal länger, liegt dies meistens daran, dass Klärungsbedarf besteht. In Bezug auf das Risikomanagement ist die Arbeit mit einer Checkliste stets ein erster und effizienter Schritt zur Identifikation möglicher Risiken – aber er sollte nicht der einzige bleiben.

Mit offenen Fragen Suchfelder bearbeiten

Projekte sind ihrer Definition entsprechend immer einmalig, in jedem Projekt kann also eine Situation eintreten, die es so noch nie gegeben hat. Checklisten auf der Basis früherer Erfahrungen reichen also zur Beurteilung eines komplexen Projekts nicht aus.

Die zweite Methode, Risiken zu identifizieren, ist deshalb die systematische Betrachtung einzelner Suchfelder, bei denen zwar gewissen Vorgaben gefolgt wird, die dann aber individuell und kreativ durchdacht werden sollten. Die Fragestellung ist hier offener, und die Antworten bewegen sich dementsprechend in einem weiteren Spektrum von Möglichkeiten. Damit kann einzelnen Projekten individuell Rechnung getragen werden.

Denken Sie noch einmal an die Familie vor dem Start in den Sommerurlaub. Diese würde sich jetzt fragen „Wie könnte im Keller ein Wasserschaden eintreten?" Darauf gibt es viele mögliche Antworten, etwa „Wegen undichter Fenster", „Wegen eines kaputten Rückschlagventils" oder eben auch „Wegen eines nicht abgestellten Haupthahns".

Diese Form der Risikoidentifikation, die Arbeit mit offenen Fragen in definierten Suchfeldern, liefert auch jeweils den Schlüssel zur Analyse und Bewertung. Ich möchte sie daher in diesem Buch für das Risikomanagement ganz besonders empfehlen.

Gefährliche Planungsfehler identifizieren

Erstaunlich ist, dass bei aller Individualität der Projektarbeit, unabhängig von Art und Fachrichtung des Vorhabens, immer wieder gleichartige Planungsfehler zu beobachten sind. Diese führen dann bald zu Projektkrisen und schlimmstenfalls zum Scheitern des Projekts – allerdings leider oft nicht mit der Konsequenz, dass sie im nächsten Projekt vermieden würden. Die schlimmsten Planungsfehler, die ich in meiner langjährigen Tätigkeit im Projektmanagement immer wieder beobachten konnte, sind diese:

Verbindliche Zusagen machen, ohne genaue Informationen zu haben. Planungen sollten, wie bereits beschrieben, möglichst frühzeitig erfolgen. Dabei darf allerdings nicht vergessen werden, dass Planungen in den Anfangsphasen des Projekts mit Unsicherheiten belastet sind. Bandbreiten von +/- 50 Prozent sind nicht Ausdruck planerischer Unfähigkeit, sondern ganz natürlich.

Projektleiter werden vom Kunden, vom Businessmanager oder von Partnern immer wieder viel zu früh gedrängt, präzise und verbindliche Zusagen zu machen. In dem Moment, in dem solchem Drängen nachgegeben wird, hat sich der Projektleiter zwar von Druck frei gemacht, recht bald aber das Problem, an diesen voreiligen Angaben gemessen zu werden.

Unrealistische Vorgaben wider besseren Wissens akzeptieren. Das ist die Steigerung des vorstehend beschriebenen Fehlers, der in der Regel aufgrund noch größeren Drucks zustande kommt. Da Projektleiter im Allgemeinen ganz gut wissen, was an zeitlichem und finanziellem Aufwand mindestens anfallen wird, muss die Akzeptanz deutlich zu knapper Ressourcen zu verheerenden Projektergebnissen führen.

Dennoch gibt es immer wieder Beispiele von „politischen", vertrieblichen, „strategischen" oder sonstwie begründeten Zwängen, denen sich Projektleiter beugen sollen. Das kann nicht gut gehen.

Risiken eingehen, die nicht selbst beeinflusst werden können. Risikomanagement soll zum bewussten Umgang mit Risiken führen; die Möglichkeit Risiken zu beherrschen hängt aber von der Möglichkeit ab, sie zu beeinflussen. Mit der Erinnerung, dass einem Projekt auch Risiken drohen können, sollen Projektleiter keine lästigen „Bedenkenträger" werden, im Gegenteil. Projektleiter sind „Unternehmer für das Projekt" und als solche bereit, unternehmerische Risiken einzugehen. Sie dürfen sich aber nicht zum Spielball externer, nicht beeinflussbarer Kräfte machen.

Überstunden schon zu Projektbeginn einplanen. Natürlich gibt es Projekte, bei denen zur Abwicklung Überstunden nötig sind und die entsprechend geplant werden, zum Beispiel eine Baumaßnahme an einer verkehrsreichen Kreuzung, die an einem Wochenende in Tag- und Nachtarbeit erledigt wird. Hier sind natürlich Überstunden, Feiertags- und Nachtarbeit eingeplant.

Gemeint ist hier etwas anderes, nämlich das Einplanen von Überlast als Voraussetzung dafür, dass das Projekt überhaupt gelingen kann. Wenn das Projektziel nur dann erreicht werden kann, wenn alles bestmöglich und mit 120 Prozent der Normalleistung bearbeitet wird, ist permanente Überlast der normale Arbeitsstil. Das bedeutet erstens, es kann alles nur schlechter werden, und zweitens, es gibt keinerlei Reserven für einen Notfall.

Wegen Zeitverzugs Arbeitsschritte sich ungeeignet überlappen lassen. In jedem Projekt gibt es Reihenfolgen, in denen die Vorgänge sinnvoll abgewickelt werden können. Ein Vorgang sollte abgeschlossen, eine Zwischenabnahme erfolgt, ein weiterer Detailplanungsschritt vollzogen sein, bevor der nächste Schritt in Angriff genommen wird. Diese Reihenfolge wird nun häufig unterbrochen, um Zeitverzögerungen einzuholen. Das führt dazu, dass nach kurzer Zeit weitere Verzögerungen auftreten – weil Arbeiten noch einmal gemacht werden müssen, weil Ergebnisse nicht aufeinander abgestimmt sind und weil bald allgemeines organisatorisches Chaos herrscht.

Durch Kürzung von Planungszeiten Zeitverzögerungen beim Projektstart im späteren Verlauf wieder aufholen wollen. Dies ist ähnlich dem vorstehenden Punkt eine nur sehr kurzfristig wirksame Maßnahme, die schon bald von der Wirklichkeit des Projekts wieder eingeholt wird. Typischerweise führt solches Verhalten zum „Zwiebelsyndrom", der Kürzung von Planungszeiten und dem demgegenüber mehrfachen Aufwand in der Realisierung.

Das perfide an Planungsfehlern und -lücken ist, dass man selten unmittelbar dafür „bestraft" wird. Das kommt erst später, bei der Abwicklung. Auch hier wird die kurzfristige Einsparung mit mittel- und langfristigen Nachteilen erkauft.

Änderungen auf Zuruf ausführen, ohne Prüfung, vertragliche Vereinbarung und rechtzeitige Dokumentation. Abweichungen von fachtechnischen Planungen (z. B. Ausführung des Sachergebnisses des Projekts) und von projektmanagementbezogenen Planungen (z. B. Termine) kommen in jedem Projekt vor, bilden aber auch ein hohes Risikopotenzial, wenn sie nicht richtig gemanagt werden. Schnell führt der kleine Umweg in eine Sackgasse. Gutes Projektmanagement bedeutet zum großen Teil auch gut organisiertes und konsequent realisiertes Änderungsmanagement. (Vgl. dazu die Ausführungen zum Changeorder- und Claimmanagement in Kapitel 5.)

Der Projektleitung fachliche Detailarbeit aufbürden. Das eigentliche Projektmanagement soll dann noch nebenher betrieben werden. Außerdem wird häufig die Person des Projektleiters, gerade bei Projekten bis zur Größenordnung „kleinerer Großprojekte", aufgrund ihrer fachlichen Befähigung und nicht aufgrund ihrer Management-Qualitäten ausgewählt. Diese Personen neigen aber gelegentlich dazu, fachtechnischen Arbeiten einen höheren Stellenwert einzuräumen, als denen des Projektmanagements. Dies wird gestützt durch den Anschein, dass fachtechnische Arbeiten immer dringender seien als die des Projektmanagements – schließlich will man ja „vorwärts kommen". Projektmanagement wird dann oft in die Zeit nach Feierabend verlegt, die Projektmanagement-Funktionen leiden darunter und das gesamte Projekt läuft Gefahr, langsam zu erodieren.

Wer diese Planungsfehler rechtzeitig identifiziert und dann vermeidet, hat schon ein großes Stück auf dem Weg zurückgelegt, künftige Projektrisiken zu minimieren.

Achtung:
Suchen Sie im ersten Schritt unbedingt nach den beschriebenen typischen Planungsfehlern. Solche Fehlplanungen sind schon unzählige Male und von verschiedensten Projektleitern unterschiedlichster Projekte als Hauptursachen von Projektkrisen erkannt und dokumentiert worden. Vermeiden Sie diese Fehler konsequent, und die Erfolgsaussichten Ihres Projekts steigen erheblich.

Die Projektbeteiligten richtig einschätzen

Die interne, durch die Beteiligten bestimmte Situation im Projekt lässt sich zur strukturierten Bewertung in einer Szenarien-Matrix darstellen. In dieser werden die Einflussfaktoren, deren Normalfall und die möglichen Abweichungen zum Besseren oder zum Schlechteren dargestellt. Als neutraler oder normaler Fall wird die Situation oder der Umstand bezeichnet, der bei der Planung unterstellt wurde.

Hierzu das Beispiel eines internen Organisations-Projekts mit zusätzlichen, durch das Verhalten der Beteiligten bedingten Risiken oder Chancen. In einer Szenarien-Matrix, wie in Tabelle 3 dargestellt, wird der Sachverhalt erfasst.

	Chance	neutral	Risiko
Projektteam	hoher Teamgeist	normale Zusammenarbeit	interne Querelen
Fachabteilung	hohe Qualifikation bzw. Motivation	normale Leistung	mangelhafte Leistung
externer Berater	enge Kooperation	ähnliche Auffassungen	konträre Auffassungen

Unternehmenslei-tung	fördert das Projekt	indifferent zum Projekt	behindert das Projekt
Betriebsrat	steht hinter dem Projekt	neutral zum Projekt	sieht das Projekt kritisch

Tabelle 3: Szenarien-Matrix für die interne Projektsituation (angelehnt an Future Information Technology Concept)

Im Rahmen der möglichen Bandbreite, die z. B. durch ein Profilbild mit dem Ist-Zustand ergänzt werden könnte, werden jetzt Maßnahmen zum Projektszenario entwickelt. So könnte beispielsweise bei einem internen Organisationsprojekt die Qualifikation der Mitarbeiter durch Weiterbildung förderlich sein. Weiterhin ist es möglich, das Arbeitsklima durch Feedback zu verbessern, Prämien auszuloben, den Informationsfluss zu erhöhen, inoffizielle Kontakte zu ermöglichen, die Zusammenarbeit mit Dritten durch bessere Abstimmung zu fördern, regelmäßige Treffen zu organisieren, durch Projektmarketing die interne Unterstützung zu verbessern usw.

Dabei gilt, dass Incentives, die der Motivationsförderung dienen sollen, nicht immer finanzielle Zuwendungen sein müssen. Ebenso wichtig oder noch wichtiger sind Dinge wie Zusammengehörigkeitsgefühl, öffentliche Anerkenntnis und Selbstverwirklichung.

Typische Risikofelder im Einzelnen

Nachdem Sie die schlimmsten Planungsfehler ausgeschlossen und die allgemeine, personenbedingte Situation im Projekt geklärt haben, sollten Sie sich nun einzelnen Suchfeldern zuwenden. Nachstehend wird dazu die Suche innerhalb vordefinierter Themen behandelt. Einzelne typische Suchfelder werden beschrieben, in denen Risiken anhand bestimmter Themenschwerpunkte entdeckt werden können.

Die Themen stellen also keine Checkliste dar, sondern sind gewissermaßen als systematisierte Anleitung zum freien Nachdenken gedacht – als Bindeglied zwischen Checklisten mit geschlossenen Fragen und der anschließend vorgestellten Arbeit mit Kreativitäts-

Acht Suchfelder

techniken. Die Suchfelder ergeben sich insgesamt aus acht Hauptbereichen:

- Technik (technische Machbarkeit)
- Projektdurchführung (Hilfsmittel und Logistik)
- Verträge
- Zulieferer und Subunternehmer
- Personal und Organisation
- Kommerzielles
- Überregionale und politische Voraussetzungen
- Besonderheiten im Ausland

Diese Gliederung entspricht auch der Grundeinstellung der Software RMS auf der beigefügten CD, die aber jederzeit zu ändern und frei editierbar ist. Die dabei genannten Fragen sind Anregungen zur Diskussion und somit keineswegs erschöpfend. Mit ein wenig Fantasie und Abstraktionsvermögen sind alle Hinweise allgemeingültig.

Hinweis:
Damit der Rahmen des Buches an dieser Stelle nicht gesprengt wird, sei auf Anhang A verwiesen. Dort werden Ihnen zu jedem der vorgenannten Themen detaillierte Fragenkataloge und damit Anregungen zum Nachdenken im Projektteam geliefert.

Einzelne Chancen identifizieren

Die Suche nach Chancen ist im Vergleich mit der Suche nach Risiken häufig schwieriger. Anscheinend ist es leichter, Risiken zu identifizieren, als Chancen zu erkennen – vielleicht auch, weil viele ohnehin eher optimistisch planen.

Ziel des Chancenmanagements ist es, Ereignisse oder Umstände zu fördern, die das Erreichen des Projektziels unterstützen. Dies erfolgt durch Maßnahmen, die dem Eintreten der Chance eine höhere Wahrscheinlichkeit geben oder Maßnahmen, die bei Eintreten der Chance deren Wirkung verstärken. Bei der Identifikation von Chancen wird prinzipiell genauso vorgegangen wie bei der Suche nach Risiken.

Auch für mögliche Chancen im Projekt werden in Anhang A einzelne Suchfelder und mögliche Einzelfragen genannt, wie sie etwa typisch für den Anlagenbau sind, auf andere Anwendungsgebiete aber übertragbar sind. Diese betreffen im Wesentlichen zwei Punkte:

- Chancen aus Spezifikation und Technik
- Chancen aus der Abwicklung des Projekts

Die Suchfelder konzentrieren sich auf Bereiche, in denen eine frühe Einflussnahme möglich ist, auf Standardisierung und den Einsatz eigener bekannter Lösungen. Außerdem soll versucht werden, die eigenen Leistungen durch hinzugewonnene Fähigkeiten zu steigern.

Achtung:

Wenn Sie nach Risiken suchen, dann suchen Sie immer auch nach Chancen. Sie finden mit ziemlicher Sicherheit positive Einflussmöglichkeiten – das ist gut für Ihr Projekt.

Hinzu kommt aber noch etwas anderes: Im Vergleich zur ausschließlichen Risikoanalyse nehmen Sie eine positive Grundhaltung ein – und das ist gut für Ihre Arbeit.

Kreativitätstechniken einsetzen

Der Einsatz von Kreativitätstechniken ist am wenigsten durch vorbestimmte Fragestellungen geprägt und somit einerseits besonders offen, andererseits aber auch relativ aufwändig in der Durchführung. Aus der Vielzahl der Verfahren möchte ich Ihnen zwei vorstellen, die in der Praxis sehr häufig angewendet werden und sich meiner Erfahrung nach auch bewährt haben.

Brainstorming

Das Brainstorming darf als der Klassiker unter den Kreativitätstechniken gelten. Der Name des Verfahrens wird den meisten Beteiligten in einem Projekt bekannt sein, die richtige Vorgehensweise dagegen nicht unbedingt. Mit Brainstorming werden häufig zu Unrecht die verschiedensten Formen ungeordneter Denk- und Arbeitsweisen bezeichnet. Brainstorming beinhaltet zwar die Aufforderung zur Öffnung des Geistes und zum Denken des scheinbar Undenkbaren,

Jede Idee ist willkommen

das aber nach durchaus strengen Regeln und in vorbestimmten Bahnen.

Zunächst einmal gilt der Grundsatz, dass jede Idee willkommen ist und möglichst viele Ideen eingebracht werden sollen. Die Teilnehmer einer Brainstorming-Runde sollen nicht höflich abwarten, bis ihr Vorredner seinen Beitrag geleistet hat, um dann ihren eigenen unabhängig davon folgen zu lassen. Sinn des Verfahrens ist es vielmehr, den Gedanken des Anderen aufzugreifen und darauf aufbauend eigene Ideen zu entwickeln.

Sämtliche Ideen werden für alle sichtbar auf einem Flipchart oder an einer Pinwand notiert, und zwar – das ist wichtig – ohne negative oder positive Wertung. Die Ideen der anderen dürfen also weder kritisiert noch gelobt werden. Nach einigen Tagen kommt das Team dann zu einer erneuten Sitzung zusammen, in der die Ideen der ersten Sitzung begutachtet und bewertet werden und in der über das weitere Vorgehen entschieden wird.

Nominale Gruppentechnik (NGT)

Gesteuerte Meinungsvielfalt

Ein weiteres Verfahren, das die Vorteile der Einzel- und der Gruppenarbeit miteinander kombiniert, ist die Nominale Gruppentechnik (NGT). Sind alle Beteiligten einer NGT-Sitzung zusammengekommen, berichtet zunächst der Projektleiter über den neuesten Stand im Projekt. Je nach Informationsstand bei den Teilnehmern kann er das Projekt auch noch einmal neu vorstellen. Jeder Teilnehmer schreibt nun die aus seiner Sicht größten Risiken für das Projekt auf. Dies geschieht noch völlig unabhängig von den Wertungen der anderen. Es sind unterschiedliche Menschen mit unterschiedlichen Vorkenntnissen und unterschiedlichen Meinungen zusammengekommen, weil genau diese Meinungsvielfalt sinnvoll ist. Durch das schriftliche Verfahren soll sichergestellt werden, dass nicht Einzelne die Gruppe dominieren – etwa der ausgewiesene, von allen anerkannte Fachexperte. Andernfalls hätte ja auch dessen Expertenmeinung genügt.

Jeder Teilnehmer soll die ihm am gefährlichsten erscheinenden acht Risiken nach Priorität in absteigender Reihenfolge notieren. Danach beginnt ein Moderator, reihum die Risiken erster Priorität abzufragen und in der ersten Spalte eines vorbereiteten Formblatts zu notieren. Anschließend werden reihum die Risiken zweiter Priorität abgefragt, in einer zweiten Spalte notiert usw.

Eine Aufgabe des Moderators und des Teams besteht darin, zu erkennen, wo verschiedene erkannte und genannte Risiken so ähnlich sind, dass sie zusammengefasst werden können. Außerdem wird es vorkommen, dass ein Teilnehmer zwar dasselbe Risiko sieht wie ein anderer, aber ihm eine andere Priorität beimisst. Es empfiehlt sich auch deshalb, die einzelnen Risiken mit einem Kennzeichnungssystem – meist reicht eine einfache Bezifferung – zu versehen. Am Ende der Abfrage sind dann in acht Spalten die Risiken aufgelistet, wobei Mehrfachnennungen in verschiedenen Spalten vorkommen.

Die Risiken werden jetzt erneut auf einem Blatt notiert und dann gewichtet, je nachdem, wie oft welches Risiko mit welcher Priorität genannt wurde. Steht dann beispielsweise ein Risiko zweimal an Position eins und einmal an Position drei, so bedeutet das für die Gewichtung innerhalb eines Punktesystems zwei Mal acht plus ein Mal sechs gleich 22 Punkte.

Das Ergebnis dieses Verfahrens ist eine Liste priorisierter und mit Punktwerten quantifizierter Risiken als Basis für die weitere Bearbeitung. Prinzipiell könnte an dieser Stelle bereits der Sprung zu den möglichen Maßnahmen erfolgen. Denn die Prioritäten sind gesetzt und eine Quantifizierung ist gegeben. Allerdings fehlt noch die Analyse der Ursachen und Wirkungen.

Achtung:
Nutzen Sie das NGT-Verfahren immer dann, wenn Sie schnell Kernrisiken erkennen und diese zügig weiter bearbeiten müssen. So können Sie auf praktische Weise Einzel- und Gruppenmeinungen ermitteln und verarbeiten. Ein entscheidender Vorteil des Verfahrens liegt in der Kombination von Identifikation und Bewertung.

Das QFD-Verfahren

Eine Anleihe im Bereich der Qualitätssicherung macht das QFD-Verfahren, wobei die Abkürzung für „Quality Function Deployment" steht. Der Einsatzbereich des QFD-Verfahrens liegt in der Identifikation von Risiken (aber auch zusätzlich von Chancen), insbesondere bei Entwicklungsprojekten, bei denen zur Erfüllung einzelner Anforderungen unterschiedliche Lösungen und Komponenten zusammenzuführen sind. Ziel des Verfahrens ist es, frühzeitig die Wechselwirkungen zu analysieren, die sich aus der Kombination möglicher Einzellösungen ergeben.

Im Zuge des Risikomanagements sollen insbesondere Zielkonflikte zwischen verschiedenen Einzellösungen und somit zwischen einzelnen Anforderungen erkannt werden. Diese sind letztlich über eine Priorisierung der Anforderungen zu lösen. Außerdem kann das QFD-Verfahren zum Vergleich eigener Lösungen mit denen von Wettbewerbern herangezogen werden.

Im QFD-Verfahren werden die Anforderungen des Kunden und die Merkmale des Projektergebnisses in tabellarischer Form dargestellt. Aus Kundenwünschen werden technische Lösungen zu deren Realisierung abgeleitet. Dabei verringert der stark kundenorientierte Ansatz die Gefahr von Fehlentwicklungen, fachübergreifendes Denken wird gefördert. Das geschieht in folgenden Einzelschritten:

- Kundenanforderungen aufstellen und gewichten
- Technische Lösungen oder Produktmerkmale zur Erfüllung der Anforderungen entwickeln
- Technische Lösungen im Hinblick auf Erfüllung der Anforderungen überprüfen und optimieren
- Wechselbeziehungen der technischen Lösungen untereinander feststellen
- Ggf. Vergleiche mit den Produkten des Wettbewerbs anstellen

Tabelle 4 zeigt anhand eines IT-Projekts beispielhaft die ersten beiden Schritte. Die Anforderungen sind vom Kunden, die möglichen Lösungen vom Projektteam formuliert worden.

Anforderung	Lösung
Weiterverwendung vorhandener Software-Pakete	Neues Release der bisher eingesetzten Software, lauffähig auf vorhandener Hardware (L1)
Erfüllung bestimmter Funktionen	Anderes, adaptiertes oder neu entwickeltes Software-Produkt (L2)
Einfache Adaption zukünftiger Releases (Versionen)	Möglichst veränderungsfreie Übernahme von marktgängiger Standard-Software (L3)
Schnelle und kostengünstige Realisierung	Dto.
Hohe Hardware-Sicherheit	Redundante, dezentrale Hardware-Systeme (L4)
Kostengünstige Hardware-Lösung	Zentrale Hardware-Lösung, möglichst weitgehende Weiterverwendung vorhandener Hardware (L5)

Tabelle 4: Beispiel für die ersten beiden Schritte im QFD-Verfahren

Zur weiteren Bearbeitung wird dann eine Matrix erstellt. In deren linker Spalte werden zunächst die Anforderungen aufgelistet. Diese sollten für den möglichen späteren Konfliktfall noch mit der Angabe der Priorität versehen werden. Damit wird im Fall von Konflikten die Wahl zwischen einzelnen Lösungen erleichtert.

In der obersten Zeile werden die möglichen – technischen – Lösungen aufgelistet, mit denen die Anforderungen erfüllt werden. In der sich aus linker Spalte und oberster Zeile ergebenden Matrix wird gekennzeichnet, welche Lösung zu welcher Anforderung gehört. Dabei wird auch erkennbar, dass eine Lösung mehrere Anforderungen erfüllt bzw. eine Anforderung mehrere Lösungen verlangt. Eine solche Matrix kann dann beispielsweise so aussehen, wie in Tabelle 5 dargestellt. In dem in Tabelle 5 gezeigten Beispiel wird etwa ersichtlich, dass die Anforderung A 1 durch die Lösung L 1 erfüllt wird, dass die Lösung L 2 die Erfüllung der Anforderungen A 2 und A 4 unterstützt usw.

Anforderungen	Lösungen				
	L 1	L 2	L 3	L 4	L5
A 1	X				

A 2	X			
A 3		X		
A 4		X	X	
A 5			X	
A 6				X

Tabelle 5: Beispiel für eine Matrix aus Anforderungen und Lösungen im QFD-Verfahren

Im nächsten Schritt werden die technischen Lösungen miteinander verglichen und das Ergebnis in einem Feld dargestellt, das jeweils das Ergebnis der Kombination von zwei Lösungen darstellt. Verglichen und überprüft wird, ob die möglichen Lösungen zueinander neutral sind, einander unterstützen oder einander behindern bzw. ausschließen.

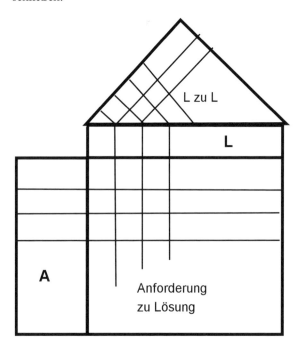

Abbildung 1: Die Kombination verschiedener Lösungen

Entsprechend werden Symbole für die Felder vergeben, beispielsweise:

- Ein „o" für „neutral"
- Ein „+" für „unterstützend"
- Ein „-" für „ einander behindernd oder ausschließend"

Um das darstellen zu können, wird die Matrix mit einem „Dach" versehen. In diesem liegen dann Felder, die sich aus der Kombination jeder Lösung mit jeder anderen ergeben (siehe Abbildung 1).

Wenn es nun darum geht, mögliche Entwicklungsrisiken zu erkennen, ist natürlich der Fall des gegenseitigen Ausschlusses besonders interessant. Hingegen lassen sich aus dem Fall gegenseitiger Unterstützung evtl. besondere Chancen erkennen.

In dem in Tabelle 5 dargestellten Beispiel hieße das: Beim Eintrag in das „Dach" wird schnell ersichtlich, dass die Lösungen L1 „Neues Release der bisherigen Software" und L5 „Weiterverwendung der vorhandenen Hardware" wahrscheinlich gut zueinander passen. Dagegen würden aber die Lösungen L4 „Redundante dezentrale Hardware" und L5 „Zentrale Hardware-Lösung" einander ausschließen. Hier muss dann nach der Priorität der Wechselbeziehungen den Anforderungen einer Lösung der Vorzug gegeben werden.

„Das Ganze ist mehr als die Summe seiner Teile" – erst im erfolgreichen Zusammenspiel der Teile liegt der Schlüssel zum Gesamterfolg. Das QFD-Verfahren hilft, Möglichkeiten und Hindernisse eines solchen erfolgreichen Zusammenspiels frühzeitig zu erkennen.

Wenn Risiken einmal identifiziert sind, können sie im nächsten Schritt genauer analysiert und bewertet werden. Davon handelt das zweite Kapitel.

Achtung:
Nutzen Sie das QFD-Verfahren, wenn Sie in den frühen Phasen eines Projekts grundsätzliche Weichenstellungen vornehmen müssen. Dies gilt besonders dann, wenn anschließend Lösungen im Detail von dezentralen, eigenverantwortlich arbeitenden Stellen entwickelt werden sollen.

Fazit

- Risiken und Chancen im Projekt sind zusätzliche, in der Planung noch nicht berücksichtigte Umstände.
- Wichtig ist, dass der Prozess zu deren Identifikation möglichst früh und ohne Tabus beginnt.
- Es gibt verschiedene Techniken, mit denen Risiken und Chancen identifiziert werden können.
- Für den Start in der Projektpraxis wird z. B. die Kombination aus der Nominalen Gruppentechnik und dem systematischen Abarbeiten der Suchfelder empfohlen.

2 So bewerten Sie die Risiken und Chancen Ihres Projekts

Wenn Sie mit den verschiedenen Instrumenten, die Sie in Kapitel 1 kennen gelernt haben, die Risiken und Chancen Ihres Projekts identifizieren konnten, dann besitzen Sie nun vermutlich eine Liste mit mindestens zwanzig, vielleicht auch fünfzig Risiken und hoffentlich auch einigen Chancen. Die Frage ist: Was nun? „Augen zu und durch?" Oder alles hinwerfen?

Natürlich wäre für einen engagierten Projektleiter weder das eine noch das andere ein gangbarer Weg. Also gilt es, gelassen zu bleiben und strukturiert weiterzuarbeiten. Damit Sie wissen, wo Sie anfangen sollen, trennen Sie zunächst einmal das Wesentliche vom Unwesentlichen, also große Risiken und Chancen von den kleineren. Dazu gibt es bewährte Methoden. Sie ziehen Bewertungsskalen als Maßstab heran und ermitteln Rangfolgen, so dass Sie erfahren, wo Maßnahmen sinnvoll sind. Damit stellen Sie auch sicher, dass Sie knappe Mittel optimal verwenden.

2.1 Grundlegende Techniken der Analyse und Bewertung

Am Beginn der Analyse steht eine möglichst präzise Beschreibung dessen, was das Risiko oder die Chance ausmacht. Das bedeutet, zunächst die Situation zu schildern, die sich mit dem Eintreten des Risikos oder der Chance ergeben würde, und dann die weiteren Folgen dieser Situation zu beschreiben. Es geht also darum, die ganze Tragweite des Risikos oder der Chance zu erfassen.

Tragweiten erfassen

Risiken und Chancen zuerst mit Worten beschreiben

Mit einer möglicht genauen Beschreibung der Chancen und Risiken sollten Sie immer beginnen – und diese schriftlich fixieren. Sie schaffen damit erst die Grundlage für die Analyse und die Suche nach Maßnahmen. Diese Maßnahmen richten sich gegen Ursachen schädlicher Folgen und sollen günstige Entwicklungen fördern. Hier schließt sich ein Kreis: Je präziser die Ursachen analysiert sind, desto einfacher und besser können die Maßnahmen formuliert werden.

Auch die in Kapitel 3 vorgestellten Formblätter zur Beschreibung und Bewertung von Maßnahmen enthalten immer die Aufforderung, diese zunächst zu beschreiben. Im Anschluss daran können sie bewertet und priorisiert werden.

Mit Bewertungsskalen arbeiten

Drei Kriterien: Wahrscheinlichkeit, Tragweite, Erkennbarkeit

Risiken und Chancen sind als Ereignisse definiert worden, die mit einer bestimmten Wahrscheinlichkeit eintreten und dann in einem unterschiedlichen Ausmaß negative bzw. positive Auswirkungen auf Ihr Projekt entfalten. Damit sind auch schon die beiden Kriterien festgelegt, nach denen die im ersten Schritt identifizierten Risiken untersucht und bewertet werden müssen: ihre Wahrscheinlichkeit und ihre Tragweite.

Später besteht dann noch die Möglichkeit, als drittes Kriterium ihre Erkennbarkeit einzubeziehen, also die Zeitdauer, innerhalb derer ein Risiko oder eine Chance ersichtlich werden. Zunächst aber sind Wahrscheinlichkeit und Tragweite ausschlaggebend. Um die Möglichkeiten für beide Kriterien zu veranschaulichen, mache ich zunächst eine Anleihe in der Statistik. Statistiker unterteilen die von ihnen beobachteten Ausprägungen und Basiswerte je nach Genauigkeit in kardinal, ordinal und nominal zu bewertende Daten. Auch in der Bewertung von Risiken und Chancen haben Sie es mit jeweils unterschiedlich präzisen Daten zu tun. Im Folgenden werden Sie erkennen, wie sich das auf den Umgang mit Risiken und Chancen auswirkt.

Kardinal zu bewertende Daten

Als kardinal zu bewertende oder kardinal skalierbare Daten bezeichnet man solche, zwischen denen messbare und damit auch unmittelbar errechenbare Abstände bestehen. Kardinal skalierbare Daten werden noch weiter in diskret kardinal skalierbare und kontinuierlich skalierbare unterschieden.

Diskret kardinal skalierbar sind solche Daten, zwischen denen messbare Abstände mit Zwischenräumen bestehen. So hat zum Beispiel eine Familie mit zwei Kindern genau ein Kind mehr als eine mit einem Kind, und es ist nicht möglich, dass eine Familie ein halbes Kind mehr hätte. Wenn von der Durchschnittsfamilie mit „1,3 Kindern" die Rede ist, so handelt es sich natürlich um einen rein statistischen Wert.

Kontinuierlich skalierbare Daten sind dagegen solche, die zwar messbar sind, aber eine unendliche Zahl von Dezimalstellen haben. Ein Beispiel dafür sind Temperaturen. Die Aussage, dass zur Mittagszeit 20 Grad gegenüber 15 Grad am Morgen gemessen wurden, lässt sich zwar treffen, bedeutet aber keine exakte Differenz von 5 Grad, sondern eine von beispielsweise 4,9782179 ... Grad.

Für die Praxis des Risiko- und Chancenmanagements werden Sie zunächst bestrebt sein, die Kriterien in Zahlen auszudrücken, denn diese lassen sich oft unmittelbar in Rechnungen verwenden.

Achtung:
Lassen Sie sich von Zahlen nicht zu sehr beeindrucken. Quantifizierte Angaben vermitteln immer den Anschein eines höheren Maßes an Genauigkeit. Aber Vorsicht: Beim Streben nach Exaktheit ist jeweils zu beachten, dass es nicht zu „Scheingenauigkeiten" kommt, d.h., dass die Klassifizierung auch der Sachlage entspricht.

Ordinal zu bewertende Daten

Die nächste Gruppe bilden die ordinal zu bewertenden Daten. Ordinal sind solche Daten bzw. Ausprägungen, denen im Einzelnen zwar kein fester und gleichbleibender Wert zuzuordnen ist, für die aber untereinander Rang- oder Reihenfolgen gebildet werden können. Damit gibt es zwar Differenzen und Abstände zwischen den Daten, diese sind aber nicht eindeutig messbar. Eventuell sind sie ausschließlich oder vorzugsweise mit Worten anstelle von Zahlen zu beschreiben. Angaben dieser Art werden auch als qualifizierte Angaben bezeichnet.

Als Beispiel können Schulnoten für einen Deutschaufsatz gelten. Schüler A erhält die Note „gut", Schüler B ein „befriedigend" und Schüler C ein „ausreichend". Damit ist zwar eine Rangfolge festgelegt, aber keineswegs ausgedrückt, dass Schüler A einen exakt doppelt so guten Aufsatz geschrieben hat wie Schüler C. Und Schüler B liegt mit seinem Ergebnis auch keineswegs präzise in der Mitte. Somit ist denn aber auch die Umformung dieser Bewertungsskala in Zahlen (2 für „gut" usw.) ebenso fragwürdig wie das weitere Rechnen damit, z. B. zur Ermittlung eines Notendurchschnitts.

In der Praxis des Risiko- und Chancenmanagements werden die meisten Analyseergebnisse in eine solche ordinale Skalierung passen. Sollen diese qualifizierten Angaben dann in Rechnungen weiter verwendet werden, ist eine Umformung z. B. in ein Punktesystem, notwendig. Hier gilt dann ganz besonders die Warnung vor „Scheingenauigkeiten".

Nominal zu bewertenden Daten

Eine dritte und letzte Möglichkeit der Skalierung ist die nominale Bewertung von Daten. Hier werden lediglich alle Merkmale aufgezählt, ohne dass eine Rangfolge gebildet oder etwas wirklich bewertet wird. So könnte zum Beispiel die Analyse der Belegung eines Parkplatzes ergeben, dass dort drei rote, zwei grüne und fünf weiße Autos geparkt sind. Eine weitere Unterteilung oder das Herausfiltern bestimmter Erkenntnisse erfolgt nicht.

Es wird deutlich, dass mit dieser Form der Skalierung das Ziel einer irgendwie gearteten Bewertung oder Prioritätenbildung nicht mehr erreicht wird. Damit hilft eine solche Skalierung auch nicht dabei, Handlungsweisen und Maßnahmen abzuleiten.

Übertragen auf das Bestreben, Risiken zu identifizieren und zu analysieren, bedeutet dies, dass man über das Stadium der Identifikation nicht hinauskäme. Das unterstreicht noch einmal die Forderung nach einer Quantifizierung von Daten oder zumindest einer qualifizierten, also erläuternden und Rangfolgen bildenden Beschreibung.

Die beiden Faktoren „Wahrscheinlichkeit" und „Tragweite" sollen nun auf die gleiche Art skaliert werden. Daher soll es zunächst um die kardinale, quantifizierte Bewertung gehen, anschließend um die ordinale, qualifizierte.

Kardinale, quantifizierte Bewertungen

Beim Faktor „Wahrscheinlichkeit" wächst die Qualität einer kardinalen Bewertung mit der Zahl gleichartiger Fälle und Situationen. Je mehr es sich um eine größere, statistisch relevante Zahl handelt, umso eher kann diese in der Rechnung für eine einzelne Situation zutreffend sein.

Der Faktor „Tragweite" wiederum ist dann kardinal zu bewerten, wenn messbare Folgen mit dem Risiko oder der Chance verbunden sind.

Beispiel:

In einer Anlage, die später in einer tropischen Region mit hoher Temperatur und Luftfeuchte arbeiten soll, werden Geräte mit Leiterplatten und elektronischen Bauteilen eingesetzt. Die verwendeten Bauteile reagieren auf andere klimatische Bedingungen als in Westeuropa unterschiedlich sensibel, insbesondere besteht die Gefahr von Frühausfällen. Ist eine gewisse Betriebszeit erst einmal überschritten, funktionieren sie dann aber ausreichend zuverlässig.

Die Wahrscheinlichkeit eines Frühausfalls beträgt nun nach längerfristigen Beobachtungen 2 %. Fällt ein Bauteil während der Inbetriebnahme der Anlage aus, entstehen dem Projekt daraus Zusatzkosten von 4.000 €, z. B. für die Ersatzbeschaffung per Luftfracht, die längeren Arbeitszeiten usw.

Das Risiko kann entscheidend verringert werden, wenn die kritischen Geräte vor ihrem Einsatz in einer Klimakammer getestet werden. Überstehen sie diesen Test, ist das Risiko eines frühen Ausfalls gebannt. Die Frage ist, wie viel solche Tests kosten dürften, wenn man die Situation ausschließlich nach – errechenbaren – finanziellen Gesichtspunkten betrachtet. In diesem Beispiel könnten Sie sich lohnen, wenn sie weniger als 80 € pro Stück kosten (2 % von 4.000 €).

Auch bei messbaren Folgen von Risiken und Chancen bedeutet jede Rechnung in der Regel nur eine Entscheidungshilfe und keine Handlungs-Automatik. Denn der finanzielle Schaden etwa ist im Projekt nicht der einzig und ausschließlich mögliche, und häufig sind noch ganz andere Aspekte zu bedenken, etwa die langfristige Kundenzufriedenheit und damit Wahrscheinlichkeit für Folgeprojekte.

Ordinale, qualifizierte Bewertungen

Die ordinale Skalierung wird bei genauer und ehrlicher Betrachtung im Risiko- und Chancen-Management die häufigste Variante zur Bewertung darstellen. Nachfolgend werden Möglichkeiten der Bewertung aufgezeigt, die durchaus eine Rangbildung nach qualifizierter Beschreibung zulassen und bereits zur quantifizierten Darstellung überleiten.

Bewertung von Wahrscheinlichkeiten

Schwierig ist in der Praxis vor allem die Bewertung von Wahrscheinlichkeiten. Es ist meist problematischer, vorherzusagen, mit welcher Wahrscheinlichkeit ein Ereignis eintritt oder ausbleibt, als die Tragweite einer bestimmten Situation einzuschätzen. Deshalb ist es durchaus empfehlenswert, zunächst nur eine verbale Beschreibung anzustreben. Man kann meistens ebenso lang wie sinnlos darüber streiten, ob die Wahrscheinlichkeit für den Eintritt eines Risikos oder das Auftreten einer Chance bei 70 %, 75 % oder 75,37 % liegt.

Wie groß ist die Wahrscheinlichkeit?

Wesentlich schneller fällt die Entscheidung, ob eine bestimmte Situation mit einer eher geringen, eine mittleren oder einer hohen Wahrscheinlichkeit zu erwarten ist. Allerdings werden Sie es auch hier nicht immer vermeiden können, neben der Beschreibung mit Worten auch mit Zahlenwerten arbeiten zu müssen. Deshalb sollten Sie sich ein festes, immer wieder verwendbares Zuordnungssystem schaffen. In Tabelle 6 schlage ich Ihnen dazu zwei Alternativen vor.

W	Punkte	W alternativ	Punkte
sehr hoch	5		
eher hoch	4	hoch	3

mittel	3	mittel	2
eher gering	2	gering	1
gering	1		

Tabelle 6: Zuordnungsschema für die Umwandlung von Wahrscheinlichkeiten in Zahlenwerte (W= Wahrscheinlichkeit)

Ebenso bietet sich gerade bei Wahrscheinlichkeiten eine Skalierung von einem Punkt für 10% bis hin zu 9 Punkten für 90% an, und zwar vor allem für den Fall, dass numerische Wahrscheinlichkeiten (z. B. aus der kardinalen Skalierung) in verbale Aussagen umzuwandeln sind. Dabei hilft Ihnen Tabelle 7 mit mehreren Variationsmöglichkeiten.

W				
90 %	sehr hoch			
70 %	eher hoch	hoch	eher hoch	
50 %	mittel	mittel		undifferenziert
30 %	eher gering	gering	eher gering	
10 %	sehr gering			

Tabelle 7: Zuordnungsschema für die Umwandlung numerischer Wahrscheinlichkeiten in verbale Aussagen

Mit Tabelle 7 kann von rechts nach links gearbeitet werden, d. h., wird beispielsweise die Wahrscheinlichkeit mit „eher hoch" eingestuft, dann sind ihr für die spätere Berechnung 70 % zugeordnet. Die Tabelle ist aber auch von links nach rechts benutzbar, z. B. dann, wenn für die Tragweite anders als für die Wahrscheinlichkeit nur verbale Beschreibungen existieren, aber beide Faktoren mit gleichartigen Maßstäben gemessen werden sollen.

Bewertung von Tragweiten

Um zu einem vergleichbaren Schema für die Tragweite von Risiken und Chancen zu kommen, sind verschiedene Überlegungen nötig. Einmal ist festzulegen, in Bezug auf welche Größen die Tragweite überhaupt einzuschätzen ist. Selbst in einem einfachen Beispiel, einer ausschließlich in Geld zu bewertenden Tragweite, könnten verschiedene Bezugsgrößen herangezogen werden, nämlich das Verhältnis zum Projektvolumen, das Verhältnis zur eigenen Wertschöpfung oder absolute Beträge.

Außerdem ist die Gewichtung der Tragweiten einzelner Risiken in einem Projekt untereinander zu berücksichtigen. Sieht man z. B. ein Punkte-Schema vor (das unbedingt mit dem gewählten Schema für die Wahrscheinlichkeit korrespondieren sollte), so erhält ein Risiko mit hoher Tragweite vielleicht 8 Punkte gegenüber einem mit mittlerer Tragweite, dem 5 Punkte zugeordnet werden.

Dabei ist zu beachten, dass nicht jede negative Entwicklung auch unmittelbare finanzielle Konsequenzen haben muss, einige Zeit später aber dennoch ein möglicher und auch erheblicher Schaden entstehen kann.

Beispiel:

Der Anlagenbauer, der seine Anlagen in tropische Regionen liefern will, hat sich entschieden, seine Geräte vor dem Einsatz zu testen. Trotz des Klimakammertests kommt es nun aber aus anderen Gründen zu Verzögerungen im Projekt. Aufgrund dieser Verzögerungen ist der Endtermin wahrscheinlich nicht mehr zu halten. Eine Verzugsstrafe ist zwar nicht vereinbart, aber die Terminverschiebung wäre für den Kunden ärgerlich.

Bisher mussten auf der Baustelle schon diverse Überstunden gemacht werden, um die Termine noch einigermaßen zu halten. Dies hat bei der Montagemannschaft vor Ort schon zu einer Verschlechterung der Stimmung geführt. Das Untenehmen hat nunmehr folgende Alternativen:

Alternative 1: Es veranlasst weitere Überstunden und hat die Chance, den Termin zu halten, dies aber um den Preis, die Montagemannschaft nun erst richtig zu verärgern.

Alternative 2: Es veranlasst keine Überstunden. Damit ist der Termin nicht einzuhalten und der Kunde wird verärgert sein.

Beide Alternativen haben also ohne Zweifel nachteilige Folgen, die auch mittelbar auch wirtschaftliche Nachteile nach sich ziehen.

Zu Alternative 1: Wie viel Motivationsaufwand wird es kosten, den Frust der Mannschaft wieder abzubauen und wie viele Mehrstunden werden daraus entstehen, dass die Arbeit mit weniger Elan angepackt wird als zuvor?

Zu Alternative 2: Wie viel Auftragsvolumen könnten bei verärgerten Kunden verloren gehen, wie viel Umsatz entgeht dem Unternehmen dadurch in den nächsten fünf Jahren und wie hoch ist der verlorene Gewinn, der daraus entsteht, abgezinst mit 7 %?

In dem Beispiel des Anlagenbauers müssen die beiden je nach Handlungsoption eintretenden negativen Folgen in eine Rangfolge gebracht werden, damit sich die Projektleitung für das kleinere Übel entscheiden kann.

Was dabei zunächst nur in Worten beschreibbar war, lässt sich auch quantifizieren. Es gilt, die qualifizierten Beschreibungen der Tragweite in eine quantifizierte umzuwandeln. In Tabelle 8 wird die Tragweite des Risikos sowohl monetär als auch verbal bewertet. Dabei sind relative und absolute Beträge gleichermaßen berücksichtigt. *Worte in Zahlen wandeln*

% vom Projektwert	€ absolut	Bewertung	Bewertung alternativ
über 5 %	über 200 t€	sehr hoch	
über 2 %	über 120 t€	hoch	hoch
bis 2 %	über 60 t€	mittel	mittel
bis 0,5 %	über 30 t€	gering	gering
unter 0,5 %	bis 30 t€	sehr gering	

Tabelle 8: Umwandlung qualifizierter in quantifizierte Bewertungen und umgekehrt

Auch Tabelle 8 ist von links nach rechts und in umgekehrter Richtung anwendbar. Die Berücksichtigung von absoluten und relativen Werten macht Tabelle 8 für Projekte verschiedener Größenordnung einsetzbar. In einem Projekt mit 10 Mio. € eigener Wertschöpfung repräsentiert ein Risiko von 0,5 % immer noch einen Betrag von 50 t€.

Legt man einen Stundensatz von 50 Euro zugrunde und beschäftigt sich jemand 100 Stunden mit Maßnahmen, die dieses Risiko vermeiden, so folgt daraus eine Rendite von 1000 % – schneller kann Geld nicht verdient werden.

Die Angaben insbesondere der absoluten Werte sind natürlich nur Richtgrößen, wie sie vielleicht in einem großen Projekt gelten können, und hier als Vorschlag gemeint. Für einen kleinen Betrieb kann ein Risiko von 30 t€ schon sehr hoch sein. Hier muss die Tabelle dann entsprechend angepasst und in den Summen nach unten korrigiert werden. Ebenso kann anstelle der Bezugnahme auf den Projektwert (= Umsatz mit dem Projekt) z. B. auch die Wertschöpfung gewählt werden (grob definiert als Umsatz minus Zukäufe).

Gehen Sie bei der Bewertung von Tragweiten also wie folgt vor: Beginnen Sie mit einer qualifizierten, verbalen Beschreibung der Ursachen und Folgen. Hier ist die Einordnung meist leicht und dennoch durchaus praktikabel. Fügen Sie diese Beschreibung ggf. anschließend in einen Raster ein. Dann haben Sie schon eine bedingt quantifizierte Bewertung. Im Anschluss an die Bewertung nach dem groben Raster (z. B. hoch, mittel, gering) formen Sie das Ergebnis noch in Punkte um (z. B. auf einer Skala von 1-3 oder 1-9 Punkten).

Scheinunge-
nauigkeiten
Einen kleinen Wermutstropfen gibt es: Es besteht gerade bei der Vergabe von Punkten die Gefahr von „Scheingenauigkeiten". Gerade erst für nicht quantifizierbar erklärte Sachverhalte werden damit schließlich doch quantifiziert, als ob die „Quadratur des Kreises" möglich wäre. Obwohl dieses Buch ein Ratgeber für die Praxis sein will, möchte ich zum Verständnis auch des nachfolgenden Kapitels zur Bewertung von Maßnahmen zumindest kurz auf einen Richtungsstreit unter Fachleuten eingehen. Dabei geht es um die Frage, ob die Quantifizierung von Tragweiten sich in ihrer finanziellen Auswirkung erschöpft (rein monetäre Variante), oder ob darüber hinaus auch andere Faktoren mit einzurechnen sind.

Die Verfechter der rein monetären Variante argumentieren, dass Maßnahmen ihrerseits Geld kosten und gemäß den Gesetzen der Wirtschaftlichkeit zu berücksichtigen sind. Diese Betrachtung führt aber in letzter Konsequenz dazu, dass Risiken ohne unmittelbare finanzielle Auswirkungen gar nicht bearbeitet werden. Dies dürfte in der Praxis keine befriedigende Lösung sein.

Die hier dargestellten Vorgehensweisen zur Bewertung der Tragweite lassen den Weg offen, auch nicht geldwerte mögliche Schäden und Nachteile in die Betrachtung mit einzubeziehen. Bei Punktesystemen kann dies dadurch geschehen, dass eben auch für diese Fälle die Vergabe von Punkten zugelassen wird.

Wie mit immateriellen Schäden umgehen?

Denkbar ist auch die Kombination von geldwerten und immateriellen Schäden. Beispielsweise können in Geld zu bewertende Nachteile je nach Betrag in einer Skala mit bis zu sechs Punkten eingeteilt werden. Drei zusätzliche Punkte sind dann für andere, z. B. Ruf- oder Imageschäden, zu vergeben.

Über diesen Weg kann einem Risiko, das mit einem nicht allzu hohen finanziellen Schaden, aber z. B. einem erheblichen Rufschaden verbunden ist, die gleiche Gewichtung zukommen, wie einem, das bei seinem Eintreten „nur" mehr Geld kosten würde. Diese Einteilungsmöglichkeit spiegelt also durchaus die Realität wider. Auf der beiliegenden CD finden Sie dazu vorbereitete Formblätter.

Achtung:
Nehmen Sie nach Möglichkeit zunächst qualifizierte Bewertungen vor. Später können Sie diese dann in quantifizierte Bewertungen umwandeln bzw. durch diese ergänzen. Am Anfang der Projektarbeit sollten Sie sich auch nicht mit einer zu diesem Zeitpunkt noch weitgehend überflüssigen Diskussion über präzise Zahlenwerte aufhalten. Vielmehr genügt die Klassifizierung mit Werten wie „hoch", „mittel" oder „gering" zunächst vollkommen. Später liefern Ihnen Tabellen als „Übersetzungshilfen" einen einheitlichen Maßstab.

Das gesamte Risikopotenzial und damit die Basis, um Prioritäten zu setzen, überblicken Sie nach der Kombination von Wahrscheinlichkeit und Tragweite. Prinzipiell sollten Sie die Skalen bzw. Bandbreiten der Punkte für Tragweite und Wahrscheinlichkeit identisch auslegen. Damit erhalten beide Faktoren das gleiche Gewicht, wenn das gesamte Risikopotenzial als Produkt oder Summe der Einzelfaktoren ermittelt wird. Näheres zur Gewichtung folgt im nächsten

Kapitel. Dort werde ich zur Verwendung bei der Risikobearbeitung geeignete Formblätter erläutern, die auch diese Bewertungsfragen beinhalten.

Im Einzelfall ist es allerdings auch denkbar, dass Sie den beiden Faktoren ein unterschiedliches Gewicht beimessen. Dies könnte z. B. gegeben sein, wenn Sie bei einem neuen Kunden ein Musterprojekt durchführen wollen, um die eigene Leistungsfähigkeit und Zuverlässigkeit zu demonstrieren. Vielleicht entscheiden Sie sich dann, der Wahrscheinlichkeit einen höheren Stellenwert als der Tragweite einzuräumen, um somit möglichst zu vermeiden, dass überhaupt Fehler passieren.

Ergänzende Parameter zur Bewertung

Neben den dargestellten, „klassischen" Parametern gibt es weitere Aspekte, um Risiken und Chancen zu betrachten und zu klassifizieren. Diese möchte ich Ihnen im Folgenden vorstellen. Wenn Sie sich allerdings schnell einen Überblick verschaffen möchten, können Sie diesen Punkt auch überspringen.

Eintrittszeitpunkte berücksichtigen

Wann kann es passieren? | Wenn Sie Risiken genauer bestimmen und analysieren wollen, hilft Ihnen die Fragestellung, wann ein Risiko eintreten kann. Für den Eintrittszeitpunkt eines Risikos gibt es prinzipiell vier Möglichkeiten:

- Jederzeit
- Ab einem bestimmten Zeitpunkt
- Spätestens zu einem bestimmten Zeitpunkt
- Nur zu einem ganz bestimmten Zeitpunkt

Mithilfe der Frage „Wann kann das Risiko eintreten?" fällt es leichter, die Ursachen für das Risiko zu erkennen und die entsprechenden Maßnahmen zu formulieren. Ebenso kann es einen bestimmten Wirkungszusammenhang zwischen den Risiken geben, wie z. B., dass der Eintritt des Risikos abhängig vom Eintreten eines anderen Risikos ist. Hier allerdings ist nur die Möglichkeit des Eintretens des

Folgerisikos gemeint; tritt dieses zwangsläufig ein, ist die Kombination als ein Risiko anzusehen.

Der Eintritt eines Risikos kann immer auch ein anderes Risiko beinhalten. Dabei beinhaltet das Eintreten eines Risikos mit schwerwiegender Tragweite häufig das einer mittleren. Zum Beispiel beinhaltet das Risiko einer Terminverzögerung von zwanzig Tagen und die daraus folgende Vertragsstrafe das Risiko einer Verzögerung um zehn Tage. Schließlich kann der Eintritt eines Risikos ein anderes Risiko ausschließen. Auch dazu ein Beispiel: Wenn Ihr Kunde das Projekt ganz abbricht, entfällt das Risiko, dass Ihr Personal weitere Überstunden machen muss.

Wahrscheinlichkeiten ermitteln

Schätzungen zu Wahrscheinlichkeiten sind häufig von der subjektiven Einschätzung von Menschen abhängig und somit schwerer zu beweisen als Schätzungen zu Tragweiten. Das hat nicht zuletzt auch psychologische Gründe. Menschen erwarten das, was sie als „Normalität" empfinden. Und sie erwarten bei Abweichungen vom Normalfall die Rückkehr zu dem, was sie als den Durchschnitt und das Normale empfinden. Viele tun sich deshalb schwer mit den objektiven Regeln und Normen von Statistik und Wahrscheinlichkeitsrechnung.

Täuschungen über Wahrscheinlichkeiten

So wird zum Beispiel beim Roulette von den meisten Spielern die Möglichkeit, dass nach 20 Mal „Rot" auch einmal wieder „Schwarz" kommt instinktiv höher eingeschätzt, als dass nach 20 Mal „Schwarz" diese Farbe zum 21. Mal erscheint. Dennoch ist in beiden Fällen die Wahrscheinlichkeit für „Schwarz" gleich groß, da kein Zusammenhang zwischen den einzelnen Spielen besteht und es somit auch keine sich in sich beeinflussenden Reihen gibt.

Ebenso ist etwa beim Zahlenlotto die Wahrscheinlichkeit, dass als Gewinnzahlen 1, 2, 3, 4, 5 und 6 gezogen werden, genau so groß, wie bei jeder anderen Kombination, nämlich etwa 1 zu 14 Millionen. Dass diese Zahlen in den fünf Jahrzehnten Lottogeschichte noch nicht gezogen wurden, kann dadurch erklärt werden, dass in dieser

Zeit einfach noch nicht genügend viele Ziehungen erfolgt sind, um diese Kombination statistisch wahrscheinlich werden zu lassen.

Die Einschätzung, mit welcher Wahrscheinlichkeit zukünftige Ereignisse eintreten, basiert also zumeist auf subjektiv wahrgenommenen Mustern der Vergangenheit und demzufolge ebenso subjektiven Einschätzungen einer ungewissen Zukunft. Das ist stets zu berücksichtigen, und es gibt auch keine Patentrezepte dagegen. In Team zu arbeiten und verschiedene Meinungen einzuholen hilft leider auch nicht immer. Es gibt genügend Beispiele für Gruppenzwänge und kollektive Irrtümer.

Dass nun diese Situation nicht einfacher wird, wenn auch noch mehrere miteinander verknüpfte Faktoren und Wahrscheinlichkeiten zu berücksichtigen sind, liegt nahe. Besonders komplex sind Verbindungen von Risiken mit jeweils eigenen Wahrscheinlichkeiten und die Folgen der Verbindungen dieser Wahrscheinlichkeiten. Mathematische Methoden können hier helfen, sich von rein subjektiven Erwartungen wegzubewegen. Deshalb möchte ich hier kurz die Rechenregeln für die zwei wichtigsten Möglichkeiten vorstellen.

Nehmen Sie zwei nur bedingt sichere Vorgänge, z. B. die Tests zweier Komponenten in einem Entwicklungsprojekt. Was das für Komponenten sind, sei diesmal egal, sie sollen einfach K1 und K2 heißen. Beide sind allerdings noch etwas unausgereift. Die Wahrscheinlichkeit, dass sie die Tests bestehen, sieht wie folgt aus:

K1 = 70 % (Das Risiko, dass K1 den Test nicht besteht, liegt entsprechend bei 30 %.)

K2 = 50 % (Das Risiko, dass K2 den Test nicht besteht, ist demnach ebenso hoch.)

Korrelation von Risiken

Im vorstehenden Abschnitt wurde bereits darauf hingewiesen, dass Risiken einander bedingen. Wenn wir davon ausgehen, dass sowohl die Komponente K1 als auch die Komponente K2 den Test bestehen müssen, damit der Durchlauf störungsfrei und der Gesamttest erfolgreich ist, dann gilt folgende Berechnung: E gesamt auf dieser Strecke ist 0,7 x 0,5 = 0,35, das heißt, die Wahrscheinlichkeit für einen erfolgreichen Durchlauf und damit das Bestehen des Gesamt-tests liegt bei 35 %.

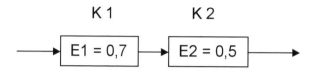

Ein anderer Fall liegt vor, wenn Risiken einander ausschließen. In einer Abwandlung des Beispiels könnte es sein, dass der Test als bestanden gilt, wenn nach dem Test entweder die Komponente K1 oder K2 zur Verfügung steht. Hier bestehen also Alternativen, d. h., es kann entweder der eine oder der andere Weg zum Erfolg führen. In diesem Fall gilt folgende Berechnung für E gesamt auf dieser Strecke:

$$1 - ((1 - 0,7) \times (1 - 0,5)) = 0,85$$

Das heißt, die Wahrscheinlichkeit für einen erfolgreichen Durchlauf und damit bestandenen Gesamttest liegt jetzt bei 85 %.

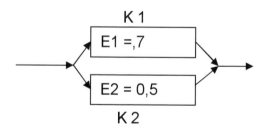

Der praktische Nutzen, Wahrscheinlichkeiten auf diese Weise zu errechnen, steigt noch dadurch, dass einzelne Ereignisse zu einem größeren zusammengefasst werden können. Die Betrachtung des gesamten Projekts wird damit vereinfacht. Weiterführende Erläute-rungen, z. B. zum Ableiten von Entscheidungsbäumen, um die ver-schiedenen Varianten zu bewerten, folgen in Kapitel 3.

Risiken, die ganz oder gar nicht eintreffen

Hinzuweisen ist an dieser Stelle noch darauf, dass manche Risiken zu 100 % eintreten oder gar nicht. Zwischenwerte sind nicht denkbar. Das bedeutet, dass es die aus der Multiplikation der Wahrscheinlichkeit mit der Tragweite ermittelten „Erwartungswerte" in der Realität gar nicht vorkommen. (Allgemein üblich ist es, das Produkt aus Ausprägungswert der Tragweite und zugeordneter Wahrscheinlichkeit als Erwartungswert zu bezeichnen.)

So kann es zum Beispiel sein, dass im Projekt Zwischentermine vereinbart sind und Vertragsstrafen (Pönalen) anfallen, wenn diese Termine nicht gehalten werde können. Angenommen, für einen bestimmten Zwischentermin sei eine Pönale von 20 t€ vereinbart. Weiterhin sei angenommen, dass aus jetziger Sicht dieser Termin mit eher hoher Wahrscheinlichkeit von 70 % nicht erreicht wird. Rein rechnerisch ergäbe sich jetzt ein Erwartungswert von 14 t€ für das Risiko. Mit diesem Betrag zu kalkulieren wäre aber völlig unrealistisch. Entweder werden die Projektbeteiligten den Zwischentermin noch schaffen, dann wird gar keine Pönale fällig, oder der Termin wird nicht erreicht, dann sind 20 t€ zu zahlen. Die 14 t€ sind ein theoretischer Wert, der in der Praxis so nicht vorkommt.

Deshalb muss mit diesem Wert je nach Betrachtungshorizont auch unterschiedlich umgegangen werden. Mit Blick auf das einzelne Risiko ist die Angabe der Wahrscheinlichkeit eine Maßgröße, an der z. B. die Dringlichkeit von Maßnahmen und später eventuelle Veränderungen abgelesen werden können. Der Erwartungswert ist ein ebensolcher Ausdruck, der aber praktisch nicht vorkommt.

Betrachtet man dagegen das gesamte Projekt, so kann die Summe der Erwartungswerte der einzelnen Risiken einen Ausdruck für das in der Summe bestehende Risikopotenzial bilden. Zunächst wird in der wirtschaftlichen Kalkulation des Projekts ein Ergebnis ermittelt, das sich aus den geplanten Aufwendungen und dem Erlös ergibt. Die Addition aller Erwartungswerte zeigt dann, um welchen Betrag dieses Ergebnis korrigiert werden müsste, wenn man alle erwarteten Risiken so wie abgeschätzt einrechnet. In Kapitel 4, wo es um die betriebswirtschaftlichen Faktoren geht, werde ich darauf noch einmal zurückkommen.

2.2 Prioritäten richtig setzen

Jegliche Maßnahmen, mit denen innerhalb des Risiko- und Chancenmanagements versucht wird, die identifizierten und analysierten Risiken und Chancen aktiv zu beeinflussen, haben aus Sicht des Projektergebnisses zunächst einmal einen gravierenden Nachteil: Sie kosten in der Regel sowohl Zeit als auch Geld. Damit beanspruchen sie Ressourcen, die der Projektleitung nur in begrenztem Umfang zur Verfügung stehen.

Ein Punktesystem für die Relevanz

Damit knappe Ressourcen möglichst an den wichtigsten Stellen eingesetzt werden, gilt es, relevante von weniger relevanten Möglichkeiten zu trennen, Risiken und Chancen also mit Prioritäten zu versehen. Grundsätzlich werden Ihnen im Folgenden zwei Wege vorgestellt, die sich aus der gewählten Klassifizierung von Tragweiten und Wahrscheinlichkeiten ergeben.

Wählt man eine ordinale Bewertung von Risiken und Chancen, z. B. mit den Ausprägungen „hoch", „mittel" und „gering", so kann man daraus folgende Klassifizierungen ableiten:

1. Priorität: „hoch – hoch"
2. Priorität: „hoch – mittel" bzw. „mittel – hoch"
3. Priorität: „mittel – mittel"

Vielleicht fragen Sie sich, warum „mittel – mittel" und nicht „hoch – gering"? Nun, hier wurde der Weg beschritten, den ursprünglich ordinal skalierten Werten Zahlen zuzuordnen, sie damit in kardinale umzuwandeln und damit zu rechnen. Das geschah in der Weise, dass den Ausprägungen folgende Werte zugeordnet wurden:

- „hoch" = 3 Punkte
- „mittel" = 2 Punkte
- „gering" = 1 Punkt

Rechnerisch bedeutet dies, dass „mittel – mittel" gleich 2 x 2 = 4 Punkte ist und damit mehr als „hoch – gering" mit 3 x 1 = 3 Punkten.

Wenn hier mit eigentlich als nicht rechenbar definierten Größen nun doch gerechnet wird, ist dies zwar theoretisch etwas unsauber, stellt aber pragmatisch betrachtet die beste aller Möglichkeiten dar. Mit von vornherein kardinalen Werten kann natürlich immer unmittelbar gerechnet werden. Und auch die Darstellung der Risikomatrix in einem der nächsten Abschnitte führt zur Möglichkeit, Prioritäten abzuleiten.

Eine andere Möglichkeit einer Klassifizierung wäre ein Muster, nach dem „hoch-hoch" einem Risiko der Klasse 1 entspricht, „hoch-mittel" einem der Klasse 2 usw. Beiden Varianten ist gemein, dass hier bereits die Grundlage zur späteren Beobachtung von Veränderungen durch Maßnahmen gelegt wird. Dadurch kann aus einem Risiko mit 6 Punkten eines mit nur noch 4 Punkten werden oder ein Risiko der Klasse 1 sinkt auf das Niveau der Klasse 3.

Rechtzeitig Klassifizierungen vornehmen

Harte Schritte nicht verzögern

Es liegt in der Natur des Menschen, sich ungern Fehler einzugestehen. Deshalb fallen rechtzeitige, wesentliche Kurskorrekturen oder gar Projektabbrüche den meisten Projektverantwortlichen schwer. Zumal mit einem Abbruch der endgültige Verlust eingesetzter Zeit, eingesetzten Geldes und nicht zuletzt des „Herzbluts" einhergehen. Je später der Korrekturbedarf erkannt wird, umso schwieriger fällt die Entscheidung dafür.

Es ist daher hilfreich, im Voraus allgemein und projektneutral Grenzwerte und -situationen sowie dazugehörende Handlungsalternativen zu formulieren. Damit kommen Sie dann im Projekt zu schnellen und objektiven Entscheidungen. Eine Möglichkeit besteht hier darin, Risikoklassen zu bilden, die die Wahrscheinlichkeit, nach der die Situation eintreten könnte, und die daraus folgende Tragweite vorwegnehmen. Für diese Klassen werden dann Standardmaßnahmen als Entscheidungshilfen vorformuliert.

Fünf Klassen von Tragweiten

Die Möglichkeit der Klassifizierung von Tragweiten möchte ich am Beispiel eines Entwicklungsprojekts für ein IT-Produkt erläutern, das eine Spezialanwendung auf Basis einer Standard-Software werden soll. Folgende Klassen können gebildet werden:

A = Wir entwickeln ein Produkt, das noch während seiner Entwicklungszeit von einem ähnlichen oder sogar grundsätzlich besseren neu angebotenen Produkt eines Mitbewerbers übertrumpft wird. => Klasse des Projektabbruchs

B = Wir entwickeln ein Produkt, aber während der Entwicklung ändern sich grundlegende Voraussetzungen, z. B. die Standard-Software, auf die wir aufbauen, ändert sich oder eine Änderung wird angekündigt. => Klasse des Projektabbruchs bzw. nochmaligen Grundsatzentscheids.

C = Schlüssel-Know-how-Träger unserer Entwicklungsmannschaft werden ausgetauscht und durch unerfahrenes Personal ersetzt. => Klasse des nochmaligen Grundsatzentscheids und Neuabschlusses der Projektleitervereinbarung.

C = Die Vorgaben für unsere Entwicklung (Funktionsumfang, Endpreis) werden erheblich, d. h. zu mehr als 1/3 geändert => Klasse des nochmaligen Grundsatzentscheids und Neuabschlusses der Projektleitervereinbarung.

D = Die Entwicklungszeiten oder die Projektkosten drohen um mehr als 25% überschritten zu werden. => Klasse der dringenden Projektentscheidungssitzung und evtl. Korrektur der Projektleiter-Vereinbarung.

E = Die Entwicklungszeiten oder die Projektkosten insgesamt werden um mehr als 10 % überschritten, bzw. die eines Teilprojekts oder einer Phase um mehr als 25 % => Klasse der Projektentscheidungssitzung, evtl. Korrektur der Projektleiter-Vereinbarung.

Solche vorformulierten Kombinationen, aus denen sich bestimmte Handlungsweisen ergeben, haben neben dem sachlichen auch eine psychologischen Vorteil: Der betroffene Projektleiter und sein Team sind nicht unvorbereitet und durch den vorbestimmten Automatismus werden sie vom Stigma des Versagens befreit.

Achtung:

Planen Sie Standard-Szenarien mit bestimmten Situationen und Risiken und ordnen Sie diesen anschließend Standard-Reaktionen zu. Gehen Sie dabei wieder von den Ergebnissen der Identifikationsphase aus, kombinieren Sie dann aber einzelne Risiken zu „Makros". Klären Sie auch vorab, wie zwingend die Standard-Reaktionen sein sollen, d. h., ob sie Empfehlungscharakter haben oder ein Muss sind.

Inakzeptable Risiken

Eine Klasse für sich bilden Risiken, die aus moralischen oder wirtschaftlichen Gründen einer Abwägung von möglichen Tragweiten und Kosten für Gegenmaßnahmen entzogen sind. Gemeint sind Risiken, die das Leben oder die Gesundheit von Menschen gefährden, erhebliche Umweltschäden anrichten würden, den sozialen Frieden bedrohen oder nicht übersehbare wirtschaftliche Folgen haben könnten.

Risiken dieser Art werden als nicht tolerierbar eingestuft. Hier müssen später in jedem Fall Maßnahmen ergriffen werden, um das Risiko ganz auszuschalten.

2.3 Wie Sie die Instrumente Risikoportfolio und Risikomatrix nutzen

Auch wenn Sie Risiken und Chancen in Projekten stets gleichrangig behandeln sollten, geht es im Folgenden einmal schwerpunktmäßig um Risiken.

Nachdem Sie die völlig inakzeptablen und existenzgefährdenden Risiken im Projekt herausgefiltert haben und gesondert behandeln, können Sie die übrigen nun gestaffelt bearbeiten.

Das Risikoportfolio

Die richtigen Fragen stellen

Ein erster Weg, Prioritäten systematisch zu erfassen, besteht darin, Antworten auf Fragen nach Risikopotenzialen zu finden und diese in übersichtlicher Form zusammenzustellen. Solche Fragen könnten etwa lauten:

- Was sind schwer zu akzeptierende Risiken im Projekt?
- Was sind die größten Risikopotenziale?
- Welche Risiken sind projektbezogen, welche projektübergreifend und welche berühren sogar die Unternehmensstrategie?
- Welche Gefahren müssen sofort und welche können später angegangen werden?

Später, wenn Informationen über Maßnahmen und deren Wirkungen vorliegen, werden die Fragen nach Prioritäten dann Schritt für Schritt erweitert. Ergänzende Fragen könnten dann etwa wie folgt aussehen:

- Welche Maßnahmen beseitigen die bedrohlichsten Risiken?
- Welche Maßnahmen beseitigen die absolut größten Risikopotenziale?
- Welche Maßnahmen beseitigen die relativ größten Risikopotenziale? Wo besteht also das günstigste Verhältnis zwischen Aufwand für und Wirkung von Maßnahmen? (vgl. dazu auch Kapitel 3)
- Welche Restrisiken können und wollen wir akzeptieren?

Einen Überblick über die wesentlichen Projektrisiken insgesamt verschaffen Sie sich, wenn Sie diese in einem Risikoportfolio darstellen.

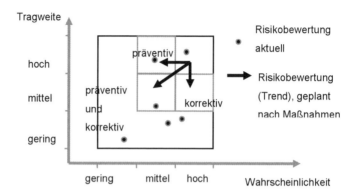

Abbildung 2: Grafische Darstellung von Risiken in einem Risikoportfolio

Die Risiken werden in ein Matrixfeld mit den Achsen „Wahrscheinlichkeit" und „Tragweite" eingeordnet: Die Pfeile zeigen die Richtung und Wirkung der geplanten Maßnahmen und der daraus erwarteten Entwicklung des Risikos an. Der Übersichtlichkeit halber könnte auch eine zweite Matrix nach „Maßnahmen" angelegt werden. Abbildung 2 zeigt eine Möglichkeit der Anlage eines Risikoportfolios.

Achtung:

Erstellen Sie ein Risikoportfolio, wenn Sie schnell einen Überblick über den aktuellen Stand und die Trends in Ihrem Projekt gewinnen wollen. Beschränken Sie Ihre Übersicht dabei am besten auf etwa acht bis zehn Risiken. Für eine detaillierte und präzise Darstellung aller Risiken eignet sich das Risikoportfolio nicht, dafür aber auch für die schnelle Management-Information, vergleichbar und kombinierbar mit den Informationen einer Meilenstein-Trend-Analyse.

Die Risikomatrix

Um komplexere Formen von Risken zu erfassen und überschauen zu können, setzen Sie am besten eine Risikomatrix ein. In einer einfachen Form, die natürlich beliebig erweiterbar ist, können Wahrscheinlichkeiten und Tragweiten mithilfe der schon bekannten Kriterien „hoch", „mittel" und „gering" kombiniert werden. Dazu wird eine Matrix verwendet, die in den Spalten und Zeilen der des Risikoportfolios im letzten Abschnitt entspricht. Den einzelnen Kombinationen werden dann Gesamtbewertungen und Handlungsalternativen zugeordnet. Tabelle 9 liefert Ihnen hierzu ein Muster. Eine solche Matrix bietet Ihnen auch schnelle und vorbestimmte Handlungsanweisungen und kann deshalb gut mit anderen Instrumenten kombiniert werden.

Die bis hierher vorgestellten Möglichkeiten der Bewertung und Klassifizierung der Risiken und Chancen liefern ihnen ein einfach und schnell zu handhabendes Instrumentarium, mit dem sie auch kleinere und mittlere Projekte analysieren und einer weiteren Bearbeitungsfolge unterziehen können.

	Tragweite hoch	Tragweite mittel	Tragweite gering
Wahrscheinlichkeit hoch	höchste Priorität, unbedingt bearbeiten	hohe Priorität, bearbeiten	mittlere Priorität, ggf. bearbeiten
Wahrscheinlichkeit mittel	hohe Priorität, bearbeiten	hohe bis mittlere Priorität, i. d. R.. bearbeiten	geringe Priorität, eher nicht bearbeiten
Wahrscheinlichkeit gering	mittlere Priorität, ggf. bearbeiten	geringe Priorität, eher nicht bearbeiten	sehr geringe Priorität, nicht bearbeiten

Tabelle 9: Muster einer einfachen Risikomatrix

Die erweiterte Risikomatrix

Eine erweiterte Form der Risikomatrix wird auch Risk-Assessment genannt. Nutzen Sie diese Darstellungsform für komplexere Projekte und in größeren Unternehmen. Abbildung 3 verdeutlicht den Grundaufbau dieser Matrix. Ein detailliertes Beispiel folgt in Tabelle 10.

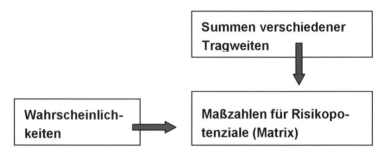

Abbildung 3: Grundaufbau der erweiterten Risikomatrix

Die Matrix für ein Risk-Assessment besteht wie üblich aus Zeilen, Spalten und aus den Feldern, die sich aus deren Kombination ergeben. In der Spalte ganz links werden Ausprägungen für verschiedene Wahrscheinlichkeiten aufgelistet (von z.b. „5" für „sehr wahrscheinlich" bis „1" für „sehr wenig wahrscheinlich"), in der horizontalen Zeile Ausprägungen für verschiedenen Tragweiten. Der Schnittpunkt aus beiden führt dann in der Matrix zu einem Feld mit einer bestimmten Maßzahl für das aus dieser Kombination folgende Risikopotenzial.

Das besondere an dieser Darstellung ist das Zustandekommen der Ausprägungen für die Zeile der „Tragweiten". Diese ergeben sich aus folgender Überlegung: Die Tragweite ist generell ein Ausdruck dafür, wie stark der Projekterfolg durch das Risiko gefährdet ist. In den bisherigen Überlegungen wurde die Tragweite, genau wie die Wahrscheinlichkeit, dabei sofort in einer Aussage oder einer Ziffer ausgedrückt.

Denken Sie aber einmal an die Grundlagen des Projektmanagements, so sind die drei Erfolgsfaktoren – das so genannte „magische Dreieck" – des Projekterfolgs folgende Größen:

Das magische Dreieck des Projekterfolgs

- Ergebnis (E)
- Zeitbedarf (Z)
- Kosten (K)

Die Ausprägung für die Tragweiten insgesamt, die die Kopfzeile der Matrix für das Risk-Assessment bildet, ergibt sich als Summen von Einzel-Tragweiten bei den drei Gesichtspunkten für den Projekterfolg.

Dabei gehört es zum Ergebnis, dass es in der richtigen Qualität erbracht wird. Zeitbedarf und Kosten lassen sich auch durch „Termin" und „Aufwand" ersetzen. Die Risikomatrix in der erweiterten Form fragt nun diese drei Gesichtspunkte nach dem folgenden Schema ab.

Zum Ergebnis (E):

- „Kann das ganze Projekt von der Sache her gefährdet werden?" => Sehr hohe Tragweite => 5 Punkte
- „Können wesentliche Funktionen nicht mehr erfüllbar sein?" => Eher hohe Tragweite => 4 Punkte
- „Können schwierige, aber lösbare technische Probleme entstehen?" => Mittlere Tragweite => 3 Punkte
- „Können technische Änderungen notwendig werden, die im Rahmen der vorgesehenen Changeorder- (CO) und Claimmanagement- (CL) Verfahren abgewickelt werden?" => Eher geringe Tragweite => 2 Punkte
- „Werden die technischen Mängel und Änderungen eher geringen Umfang haben und im Rahmen des bei der Planung mit Eingerechneten liegen?" => Geringe Tragweite => 1 Punkt

Zum Zeitbedarf (Z):
- „Kann das ganze Projekt vom Termin her gefährdet sein?" => Sehr hohe Tragweite => 5 Punkte

- „Können wesentliche Phasentermine nicht mehr erfüllbar sein?"=> Eher hohe Tragweite => 4 Punkte
- „Muss die Terminplanung (in einem lösbaren Rahmen) angepasst werden?" => Mittlere Tragweite => 3 Punkte
- „Können einzelne Meilensteine gefährdet werden, die aber eher geringen Einfluss auf das Ende des Gesamtprojekts haben?" => Eher geringe Tragweite => 2 Punkte
- „Können Termine einzelner Phasen (z. B. innerhalb einer Projektkapsel) gefährdet sein, ohne dass dies Auswirkungen auf Folgephasen haben wird?" => Geringe Tragweite => 1 Punkt

Ein Punktesystem zur Bewertung von Kosten (K) haben Sie bereits kennen gelernt. Abhängig vom Projektwert oder von absoluten Beträgen können Sie hier 1 – 5 Punkte vergeben.

Nachdem Sie alle drei Ausprägungen für die Tragweite einzeln bewertet haben, addieren Sie diese und ermitteln so als gesamte Ausprägung eine Summe zwischen 3 und 15. Aus dieser folgt die Auswahl der Spalte „Summen der Tragweite". Nunmehr wählen Sie die Zeile aus, die der entsprechend geschätzten Wahrscheinlichkeit entspricht.

In der Matrix folgt nun aus dem Schnittpunkt von Zeile und Spalte das Feld mit der entsprechenden Maßzahl. So wie hier vorgeschlagen wurden diese zunächst nach eine bestimmten Schema errechnet (Ausprägung W mal Ausprägung Summe T dividiert durch drei) und anschließend zur Berücksichtigung von Erfahrungen aus der Praxis angepasst. So sollte z.B. auf Risiken mit möglicherweise hoher Tragweite auf alle Fälle mit Maßnahmen reagiert werden.

Wahr-schein-lichkeit	Summe Trag-weiten 3-4	Summe Trag-weiten 5-7	Summe Trag-weiten 8-10	Summe Trag-weiten 11-13	Summe Trag-weiten 14-15
5	5	10	15	20	25
4	4	8	12	16	20
3	3	6	9	12	15
2	2	4	6	10	12
1	1	2	3	8	10

Tabelle 10: Beispiel für eine erweiterte Risikomatrix

Gemäß den sich aus der Matrix ergebenen Maßzahlen folgt die Priorität des Risikos und daraus abgeleitet wiederum die Handlungsweise. Dabei sind noch Spielräume für Varianten möglich, die dem individuellen Charakter jedes Projekts gerecht werden und der Projektleitung in der Einschätzung der Situation Freiräume lassen. Somit können Sie und Ihr Team immer noch persönlich auf das Projekt Einfluss nehmen.

Unabhängig davon ergeben sich aus den Maßzahlen folgende Handlungsempfehlungen:

- 1 bis 5 Punkte: keine Maßnahmen
- 6 bis 8 Punkte: im Allgemeinen Maßnahmen
- mehr als 9 Punkte: in jedem Fall Maßnahmen

Beispiel:

Sie sind Projektleiter für die Organisation eines Open-Air-Konzerts zugunsten eines karitativen Zwecks. Diese Aufgabe liegt Ihnen sehr am Herzen.

Mit diesem Projekt sind nun verschiedene Gesamt- und Teilziele (E) verbunden, darunter auch, dass das karitative Anliegen bekannter werden soll, indem das Regionalfernsehen über das Konzert berichtet. (Es sollen wiederum die Abkürzungen E = Ergebnis-Ziel, K = Kosten-Ziel und Z = Zeitbedarfs-Ziel verwendet werden.)

Die Frist für die Zusage der auftretenden Künstler muss bis zu einem bestimmten Zeitpunkt abgeschlossen sein (Z), damit die Plakate gedruckt werden können und die Firma zum Verleih der Bühnentechnik Ihnen tatsächlich den ermäßigten Preis (K) einräumt, den Ihnen ein Mitarbeiter in Aussicht gestellt hat.

Ihrem Projekt drohen jetzt verschiedene Risiken (R):

Risiko 1 (R1) ist das Wetter. Der Bekanntheitsgrad steigt nicht wie geplant, weil die Zuschauer wegen Regens ausbleiben und das Fernsehen um seine regenempfindliche Ausrüstung bangt. Damit könnten auch die Sponsoreneinnahmen sinken und die Kosten indirekt steigen.

Die Auswirkungen zu E wird mit 4 Punkten, die zu K mit 2 Punkten und die zu Z mit 1 Punkt bewertet, insgesamt also mit 7 Punkten. Die Wahrscheinlichkeit dafür schätzen Sie „mittel", also mit 3 ein.

Daraus ergibt sich hier für das Risiko die Maßzahl 6 in der Matrix und damit die Aussage, dass über Maßnahmen nachgedacht werden sollte. Später erfolgt eine entsprechende Eingruppierung auf der Skala aller Risiken, wenn diese erst einmal komplett ermittelt sind.

Risiko 2 (R2) ist das Show-Angebot. Ein Künstler ist unentschieden, ob er erstens überhaupt und zweitens ohne Gage auftreten soll. Wenn die Entscheidung nicht bald fällt, könnte der rechtzeitige Druck der Plakate scheitern.

Die Auswirkung auf das Ergebnis (weniger Publikumsinteresse bei seinem Ausbleiben) wird für E mit 3 Punkten (niemand ist unersetzlich), für Z mit 5 Punkten (ohne Plakate weniger Zuhörer) und für K mit 2 Punkten gerechnet (relativ gering, da andere Künstler nicht viel mehr verlangen sollten). Da dieser Künstler aber für seine prinzipiell positive Einstellung gegenüber Ihrem Anliegen bekannt ist, schätzen Sie die Wahrscheinlichkeit für dieses Risiko als mittel ein und haben es mit 3 Punkten belegt.

Sie rechnen erneut: Summe der Tragweiten ergibt 10 Punkte, das entsprechende Feld in der Matrix weist dann den Wert von 9 Punkten auf.

Somit wären diese beiden Risiken auf der Prioritätenskala eingeordnet: R2 ist wichtiger als R1. Unberührt von diesem „Automatismus" sollte noch die Möglichkeit von Variationen bleiben, z. B. die Vergabe eines „willkürlichen" Zusatzpunktes, wenn Ihnen der Künstler besonders wichtig ist.

Die erweiterte Matrix kann ein auf den ersten Blick vielleicht komplex wirkendes, aber sehr effektives Instrumentarium zur Beurteilung, Gruppierung und Priorisierung von Risiken und Chancen im Projekt sein. Bei der Arbeit wird sich zumeist zeigen, dass diese Vorgehensweise von großer Relevanz für die Praxis ist und die Systematik wertvolle Unterstützung bei der Bewältigung der Beurteilungsaufgabe bietet.

Trotzdem möchte ich auch hier wieder darauf hinwiesen, dass alle Werkzeuge nur „Denkzeuge" sind – Hilfsmittel, mit denen Sie Denk- und Entscheidungsprozesse anregen und unterstützen, aber nicht automatisieren können.

2.4 Den Blick schärfen mit der Analysemethode von DeMarco/Lister

Einen viel versprechenden Ansatz zur Behandlung von Risiken liefern Tom DeMarco und Timothy Lister in ihrem Buch „Bärentango". Ich möchte Ihnen diese Methode hier vorstellen als eine Möglichkeit, zu einer noch differenzierteren Analyse von Risiken zu gelangen.

"Bärentango"

DeMarco/Lister verdeutlichen ihre Methode anhand von Software-Entwicklungsprojekten. Risiken entstehen bei der Entwicklung jeder Software. Ausgangspunkt ist ein Beispiel, in dem es mehrere Möglichkeiten für den Zeitpunkt gibt, zu dem eine in Entwicklung befindliche Software fertig sein kann. DeMarco/Lister nennen diese Betrachtungsweise die Darstellung der „Quantifizierten Unsicherheit". Sie hat die folgenden Ausprägungen:

* optimistischer Wert

- wahrscheinlichster Wert
- pessimistischer Wert

Im Beispiel eines Software-Entwicklungsprojekts soll das folgenden Daten als mögliche Fertigstellungstermine entsprechen:

- 01.01. des Jahres
- 01.04. des Jahres
- 31.12. des Jahres

Der optimistische Wert wird nun auch als „Nano-Prozent-Datum" bezeichnet, weil die Wahrscheinlichkeit seines Eintretens verschwindend gering ist. Das ist ein wichtiger Unterschied zu den bisherigen Betrachtungen des Terminrisikos, die sich an der Praxis orientiert haben, wonach man meistens von einem (häufig zu knapp gewählten) Wunschtermin ausgeht und dann die Wahrscheinlichkeit (und Tragweite) des Risikos prüft, dass dieser nicht erreicht werden kann.

Nach DeMarco/Lister wird stattdessen gefragt, welcher der frühestmögliche Termin (das Nano-Prozent-Datum), was der wahrscheinlichste und was der späteste zu erwartende Termin ist. Abbildung 4 zeigt die Verteilung der Wahrscheinlichkeiten im Beispiel des Software-Projekts.

Zu beachten ist, dass auch der wahrscheinlichste Wert (im vorstehenden Bild ist es der 01.04.) keineswegs sicher ist. Beim Vergleich der Flächen unter der Kurve wird außerdem deutlich, dass die Fläche links vom wahrscheinlichsten Wert wesentlich kleiner ist, der prozentuale Anteil an der Gesamtwahrscheinlichkeit also sehr viel geringer, als rechts davon.

Die kumulierte Darstellung zeigt den Sachverhalt noch genauer. In Abbildung 5 ist ersichtlich, dass mit 30-prozentiger Wahrscheinlichkeit ein Termin vor dem 01.04. erreicht wird. Auf jeden Fall wird das Projekt aber bis zum 31.12. fertig werden.

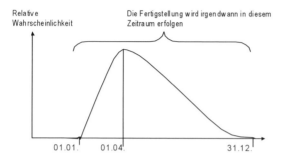

Abbildung 4: Wahrscheinlichkeit der Fertigstellung eines Beispielprojekts

Solche Aussagen sind für den Planenden (oder den Empfänger der Information) natürlich umso handhabbarer, je schmaler der Erwartungskorridor ist. Diese Art der Betrachtung kann auch benutzt werden, um die Eingangswerte, also die Basis für die Risikobewertung, zu überprüfen und ist damit nochmals ein Instrument der Risikoidentifikation.

Sicherheitshalber zum Verständnis nochmals anders ausgedrückt: Es werden keine Einzelwahrscheinlichkeiten angezeigt, da die Wahrscheinlichkeit ja in der Summe auf 100 % begrenzt ist. Die Addition möglicher Einzelwerte würde sich hier aber zu einem Wert gegen unendlich bewegen.

DeMarco/Lister gehen nun noch einen Schritt weiter: Auf der y-Achse wird wieder die Wahrscheinlichkeit dargestellt. Auf der x-Achse wird jetzt aber kein Termin, sondern der zu einem festen Termin erreichbare Zustand (Fertigstellungsgrad) eingetragen. In Abbildung 6 sind dies die Versionen einer Software mit den Versionsnummern V24, V22 usw.

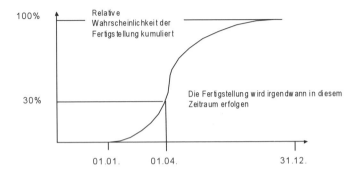

Abbildung 5: Kumulierte Darstellung der Wahrscheinlichkeit

Jede Versionsnummer steht für einen bestimmten Reifegrad, Funktionsumfang o. ä. Die Version V 24 erfüllt dabei die maximalen Anforderungen, die Version V 14 ist die Minimal-Version. Die anderen Versionen liegen vom Funktionsumfang und Reifegrad her dazwischen. Die Frage lautet, welche Version und damit welcher Reifegrad jetzt bis zu einem bestimmten Zeitpunkt erreicht werden kann.

Also: Bestenfalls wird bis zum festgelegten Zeitpunkt der Funktions- und Leistungsumfang der Version V24 erreicht werden, das ist allerdings kaum realistisch, also „nanowahrscheinlich".

Das Erreichen einer Version V21 ist am wahrscheinlichsten, allerdings hier auch nur mit einem Wahrscheinlichkeitswert von ca. 20%. Im schlechtesten Fall erreicht man die minimale Version V14.

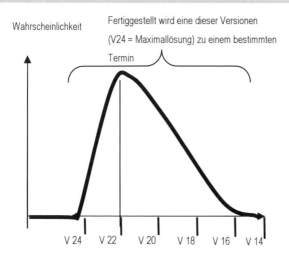

Abbildung 6: Wahrscheinlichkeit der Erstellung von Software-Versionen zu bestimmten Terminen

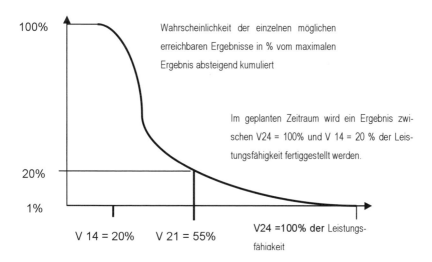

Abbildung 7: Kumulierte Darstellung der Wahrscheinlichkeit der Erstellung von Software-Versionen

79

Auch diese Entwicklung wird zur Verdeutlichung in Abbildung 7 noch einmal als abfallend kumulierte Kurve dargestellt. In diesem Bild wird für das gewählte Beispiel deutlich, dass die Möglichkeit, nur eine insgesamt weniger leistungsfähige Version zu einem festgelegten Zeitpunkt zu erhalten, wesentlich wahrscheinlicher ist als umgekehrt.

Achtung:

Machen Sie sich anhand von Kurven nach der Methode von DeMarco/Lister deutlich, welche Möglichkeit in Ihrem Projekt mit welcher Gesamtwahrscheinlichkeit eintreffen kann. (Besonders aussagefähig sind die kumulierten Darstellungen.)

Lösen Sie sich dann von der vielleicht üblichen Frage „Zu welchem (variablen) Zeitpunkt wird ein festes Ergebnis erreicht?" und fragen Sie stattdessen „Welches (variable) Ergebnis wird voraussichtlich zu einem festen Zeitpunkt erreicht?".

Bisher ging es darum, möglichst genaue Erkenntnisse zu gewinnen, jetzt sollen diese auch verwertet und umgesetzt werden. Deshalb geht es im nächsten Kapitel um Maßnahmen.

Fazit

- Die in einem ersten Schritt identifizierten Risiken unterziehen Sie in Schritt zwei einer Analyse und Priorisierung.
- Beschreiben Sie Risiken zunächst in Worten und arbeiten Sie dann mit Bewertungsskalen.
- Risikoportfolio und Risikomatrix sind geeignete Instrumente, um Risiken zu priorisieren und Überblick zu schaffen.
- Mit der Methode der Quantifizierten Unsicherheit nach DeMarco/Lister steht Ihnen ergänzend ein sehr präzises Analyseinstrument zur Verfügung.

3 Erforderliche Maßnahmen bewerten, auswählen und umsetzen

Nachdem Sie die Risiken Ihres Projekts identifiziert, analysiert und bewertet haben, sollten Sie diesen nun mit geeigneten Maßnahmen begegnen. Auch wenn Sie Risiken und Chancen gleichermaßen im Blick behalten, werden Sie Maßnahmen, die dazu dienen, Risiken abzuwenden, als besonders dringend ansehen. Tatsächlich berührt die Frage, was zu tun ist, wenn Sie im Projekt mit einem hohen Risiko konfrontiert sind, den Kern des Risikomanagements. Wenn Risikomanagement eine systematische Vorgehensweise sein soll, um zu Maßnahmen zur Vermeidung des Eintretens eines Risikos oder zur Verringerung des damit verbundenen Schadens zu kommen, dann muss es vor allem vorbeugend wirken, also bevor ein möglicher Sachverhalt zum Problem wird.

Risikomanagement versus Krisenmanagement

Risikomanagement und Krisenmanagement werden in der Praxis häufig miteinander verwechselt, unterscheiden sich aber gerade im Hinblick auf den Zeitpunkt, wann Sie jeweils Maßnahmen ergreifen. Risikomanagement betreiben Sie immer vorausschauend und pro-aktiv. Krisenmanagement dagegen heißt, Probleme zu lösen, die bereits entstanden sind. Das Problem und die Krise von heute sind allerdings immer aus dem Risiko von gestern entstanden.

Krisen von heute sind Risiken von gestern

Selbstverständlich kann auch die Krise als ein produktiver Zustand begriffen werden und muss nicht notwendig in die Katastrophe führen. Im öffentlichen wie im privaten Leben ist zu beobachten, dass häufig erst durch eine Krise jene Kräfte geweckt werden, die zu grundsätzlichen Erneuerungen und Reformen notwendig sind. Trotz des Ihnen vielleicht bekannten Ausspruchs „Das Krisenmanagement hat so gut funktioniert, da kann die nächste Krise ruhig kommen", werden Sie Krisen aber möglichst vermeiden wollen, um Ihrem Projekt keinen Schaden zuzufügen.

In der Praxis ist fast immer folgender Zusammenhang zwischen Risiko, Krise, Notfall und Schaden bzw. Gefährdung des Projekts zu beobachten:

- Sie identifizieren ein Risiko. Dann tritt es entweder gar nicht ein oder Sie beherrschen es oder es tritt mit seiner befürchteten Wirkung ein. In diesem Fall kommt es zur Krise.
- Sie bearbeiten die Krise. Entweder können Sie diese dann lösen oder es wird daraus ein Notfall.
- Sie versuchen, den Notfall zu überwinden. Entweder das gelingt, oder es tritt ein Schaden ein, und unter Umständen stellen Sie eine Gefährdung des Projekts fest.

Die typische menschliche Reaktion in diesen Situationen ist leider oft, die Notwendigkeit von Maßnahmen zwar theoretisch einzusehen, aufgrund tatsächlicher oder scheinbarer Zwänge dann aber doch anders zu handeln.

Achtung:

Risikomanagement bedeutet Arbeit im Vorfeld. Sie sollte geleistet werden, wenn die (Krisen-) Situation zwar möglich, aber noch nicht akut ist. Als Projektleiter benötigen Sie Selbstdisziplin und Verantwortungsbewusstsein, um das Thema Risikomanagement möglichst früh aufzugreifen. Als für die Organisation Verantwortlicher sollten Sie für entsprechende Regeln und institutionalisierte Abläufe sorgen, die Projektleiter ertüchtigen und motivieren sowie die getroffenen Maßnahmen einem effektiven Controlling unterziehen.

Natürlich gibt es eine Vielzahl von Möglichkeiten, Risiken und Chancen im Projekt mit Maßnahmen zu begegnen, um sie einzudämmen bzw. zu fördern. In diesem Kapitel werden Ihnen dazu vier Vorgehensweisen und Arbeitsmittel vorgestellt. Diese bilden ein abgestuftes Vorgehensmodell, das sich in der Praxis bewährt hat.

Auf der beiliegenden CD finden Sie dazu vorbereitete Formblätter, mit denen Sie in der Projektpraxis unmittelbar arbeiten können. Anhang B zeigt eine Übersicht über die Formblätter.

Eingangs werde ich eher auf die umfassenderen, das ganze Projekt betreffenden Risiken eingehen, in den weiteren Abschnitten folgen dann die Einzelrisiken und -maßnahmen. Dies berücksichtigt den Umstand, dass im Allgemeinen in den frühen Projektphasen noch das Projekt als Ganzes, seine Durchführung und Grundlagen zur Disposition stehen, im Projektverlauf dann eher die einzelnen Maßnahmen.

Daraus folgt wiederum, dass in den frühen Phasen der Planung und Vorbereitung des Projekts eher konzertierte Aktionen und Maßnahmenbündel geplant und umgesetzt werden, in den späteren Phasen der Realisierung des Projekts dann eher Einzelmaßnahmen. Auch wird der Überwachung der einzelnen Maßnahmen in den späteren Phasen ein höheres Gewicht zu kommen, als den Maßnahmenbündeln am Anfang.

3.1 Grundprogramme des Risikomanagements

Noch vor zehn Jahren beschäftigte man sich mit dem Thema Risikomanagement im Projekt überwiegend unter der Überschrift „Risikoanalyse". Der Name war zugleich Programm: Projektleiter begnügten sich damit, Risiken eher zufällig festzustellen und dann aus ihrer beruflichen Erfahrung heraus spontan über mögliche Maßnahmen zu entscheiden. Von einer wirklich systematischen Suche nach Risiken und daran anschließend einer strukturierten und effektiven Auswahl von Maßnahmen war das Projektmanagement noch weit entfernt.

Aktives Risikomanagement statt bloßer Risikoanalyse

Heute heißt das Ziel aktives Risikomanagement und wird viel umfassender formuliert. Es gilt nämlich, sämtliche Ereignisse oder Umstände abzuwehren, die das Projektziel gefährden können. Die grundsätzlichen Handlungsmöglichkeiten lassen sich dabei in zwei große Gruppen einteilen:

- Präventive Maßnahmen
- Korrektive Maßnahmen

Präventive Maßnahmen, auch „Aktionen" genannt, sind solche, die das Eintreten eines Schadens oder einer sonst wie nachteilige Situation verhindern sollen. Die Wirkungsrichtung geht also gegen die Wahrscheinlichkeit des Eintretens des Risikos. Korrektive Maßnahmen, auch „Reaktionen" genannt, sind solche, die bei Eintreten des Risikos die nachteilige Wirkung reduzieren sollen. Sie richten sich also eindämmend gegen die Tragweite eines Risikos.

Analog lässt sich auch das Ziel aktiven Chancenmanagements formulieren, nämlich als Bestreben, alle Ereignisse oder Umstände zu fördern, die das Erreichen des Projektziels fördern bzw. zur Verbesserung beitragen können. Auch hier sind wieder zwei grundsätzliche Handlungsmöglichkeiten gegeben, nämlich zum einen Maßnahmen, die das Eintreten der Chance fördern, und zum anderen Maßnahmen, die die positive Wirkung der Chance bei ihrem Eintreten verstärken. Weiter unten folgen Beispiele für ein solches Chancenmanagement.

Die Frage, ob jeweils präventive oder korrektive Maßnahmen zu ergreifen sind, erscheint vielleicht im ersten Moment einfach zu beantworten, kann in der Praxis aber durchaus schwierig sein. Dazu ein Beispiel: Die Räume eines Bürohauses werden mit Rauchmeldern ausgestattet – zweifellos eine Maßnahme zum Risikomanagement. Ist diese Maßnahme aber eher aktiver, also präventiver Natur oder eher reaktiver, also korrektiver Natur? Wenn ich diese Frage in einem Seminar stelle, sind die Meinungen regelmäßig geteilt. Wer hat Recht?

Beides stimmt, und zwar in Abhängigkeit von der Fragestellung und der Definition des Risikos. Sieht man einen Brand als solchen als Risiko an, denkt also etwa daran, dass im Anschluss an eine Weihnachtsfeier vergessen wird, die Kerzen auszublasen, kann der Rauchmelder das Ausbrechen des Feuers nicht verhindern. Dennoch wird der Alarm zum frühzeitigen Eintreffen der Feuerwehr führen und die Tragweite des Feuers damit reduzieren. Insofern wirkt der Alarm des Rauchmelders korrektiv.

Sieht man dagegen die Zerstörung des Bürogebäudes durch Feuer als das Risiko an, dann hat der Alarm des Rauchmelders durchaus präventive Wirkung, weil eben genau dieser Schaden verhindert wird.

Was folgt daraus für die Praxis? Es ist fast regelmäßig so, dass Sie die Analyse von Risiken und die Suche nach Maßnahmen immer wieder an den Ausgangspunkt Ihrer Projektplanung zurückführen. Je präziser und eindeutiger Sie die Projektziele bestimmt und formuliert haben, desto besser gelingt das Risikomanagement.

Beispiel:

Sie sind Projektleiter eines Projekts im Anlagenbau. Im Projektteam suchen Sie gemeinsam mit Ihren Mitarbeitern nach möglichen Risiken im Projekt. Einer der Beteiligten wirft den „Endtermin" in die Runde. Sie diskutieren daraufhin zunächst die Frage, warum der Endtermin ein Risiko darstellen sollte. Dies führt dann zur Präzisierung der Aussage dahingehend, dass sich der Endtermin vielleicht verzögern könnte.

Sie gehen dieser Frage weiter nach, fragen also, warum die Verzögerung des Endtermins ein Risiko darstellt. Die Antwort lautet dann, dass eine Pönale an den Auftraggeber zu zahlen ist, wenn der Termin nicht gehalten wird. Damit haben Sie dann den Punkt erreicht, an dem das Risiko eingegrenzt ist.

Stellt die Pönale nun das eigentliche Risiko dar, werden Sie nach Maßnahmen suchen, die gegen die Pönale wirken. Vielleicht achten Sie verstärkt darauf, dass Ihr Kunde seinerseits seine terminlichen Verpflichtungen Ihnen gegenüber einhält bzw. beschließen, jede Verletzung sofort schriftlich zu rügen, mit dem Ziel, im Fall einer Verzögerung nicht pönalepflichtig zu werden.

Stellt aber der Endtermin an sich einen Wert dar, wollen Sie mit der Termintreue also Ihre Leistungsfähigkeit und Zuverlässigkeit demonstrieren, werden Sie anders reagieren und das Erreichen des Termins statt die Vermeidung der Pönale in den Vordergrund stellen.

Sie müssen also im Risikomanagement immer damit rechnen, dass trotz bereits intensiver Phasen der Diskussion und Definition der Projektziele in der Vergangenheit die Diskussion über Risiken Sie noch einmal an den Ausgangspunkt zurückführt. Das sollten Sie dann nicht als Rückschritt begreifen, sondern als notwendige zusätzliche Erkenntnis.

Maßnahmenplanung im Projektprozess

In der Praxis liegt der allerspäteste Termin zum Start des Risikomanagements vor der rechtsverbindlichen Abgabe eines Angebots. Spätestens hier müssen die wesentlichen Risiken erkannt und mögliche Maßnahmen geprüft sein. Leider ist es so, dass mit fortschreitender Zeit das Wissen und die Erkenntnisse zunehmen, der Handlungsspielraum aber immer enger wird. Dabei kommt es in den einzelnen Phasen des Projekts zu unterschiedlichen Fragestellungen zum Risikomanagement. Risiken kommen dazu, entfallen oder wandeln sich. Zum einen wird man mit fortschreitendem Projektverlauf immer klüger, d. h. man erkennt neue Risiken und Chancen, die bis dahin vielleicht verborgen waren oder die sich überhaupt erst im Projektverlauf ergeben haben. Andere verschwinden dagegen, weil die risikobehaftete Situation überstanden ist.

Ein einfaches Beispiel kann das verdeutlichen: Wenn Sie sich zum Jahreswechsel überlegen, was das neue Jahr ihnen beruflich bringen wird und welche Risiken Ihnen drohen, denken Sie vielleicht daran, dass Sie krank werden könnten. Sie werden diesem Risiko dann durch bestimmte langfristige Maßnahmen begegnen, vielleicht finanzielle Rückstellungen bilden, für eine Vertretung sorgen und ähnliches.

Auf alle Fälle müssen Sie andere Maßnahmen ergreifen, als Sie es tun, wenn dieses Risiko Ihnen kurzfristig droht, Sie vielleicht am kommenden Montag einen sehr wichtigen Termin haben und sich am Donnerstag zuvor nicht gut fühlen. Sagen Sie ab oder gehen Sie das Risiko ein, nicht abzusagen und dann zu Ihrer Verabredung nicht erscheinen zu können? Sorgen Sie per Vorwarnung noch dafür, dass Ihr Gesprächspartner nicht völlig überrascht wird, vereinbaren Sie ein Telefonat am Sonntagabend oder ähnliches?

Sie sehen hier, dass demselben Risiko – Krankheit – zu verschiedenen Zeitpunkten und in verschiedenen Betrachtungshorizonten mit ganz unterschiedlichen Maßnahmen zu begegnen ist.

Dabei ist nicht zu vergessen, dass Risiken im Verlauf eines Prozesses auch ganz verschwinden oder wesentlich weniger bedeutend werden können. Wenn ein Auftrag eingegangen ist, besteht kein Angebotsrisiko mehr. Wenn alle Bauteile geliefert sind, gibt es kein Lieferrisiko mehr. Oder: Wenn ein Fahrzeug acht Jahre alt ist, werden Sie überlegen, die teure Vollkaskoversicherung mit geringer Selbstbeteiligung auf einen anderen Tarif umzustellen.

Achtung:
Stellen Sie Risiken genau wie deren Basiswerte immer wieder auf den Prüfstand. Vergegenwärtigen Sie sich, dass es sich beim Management von Risiken und Chancen im Projekt um dynamische und lebendige Prozesse handelt. Fragen Sie sich: Gelten die ursprünglichen Annahmen noch? Ist etwas dazugekommen oder entfallen?

In Tabelle 11 erhalten Sie eine erste Übersicht über den gesamten Projektprozess, seine typischen Projektschritte, dabei möglicherweise auftretende Risiken sowie Möglichkeiten, diesen durch gute Planung und effektives Risikomanagement zu begegnen. Anschließend werde ich verschiedene Maßnahmen dann ausführlich erläutern und mit Beispielen verdeutlichen.

Projekt-phase	Prozess-schritt	Risiko	Auswir-kung (a. i. Folge)	Metho-de/ Arbeits-technik
Akquisition, Auftragsklärung	Projektziel festlegen	unvollständige Definition	Auftragsverlust, Mehrkosten	systematische Identifikation und Bewertung
Projekteinplanung	Strukturen, Arbeitspakete, Kosten-/ Terminplan	unvollständige, fehlerhafte, willkürliche Vorgaben	Abwicklungsfehler, mangelhafte Steuerung	Notfallprogramme, Organisation vorbereiten
Projektabwicklung	Feinplanung, Realisierung	Terminverzug, Mehrungen, falsche Entscheidungen	Pönalen, Mehrkosten, Haftung	Maßnahmenüberwachung, Projektentscheidungen
Projekt-Ende	Integration IBS/Tests, Abnahme	Keine Abnahme	Mehrkosten, kein ordentlicher Abschluss	Abschlusssitzung, Projekt-Close-out

Tabelle 11: Typische Risiken in einzelnen Projektphasen und Möglichkeiten, ihnen zu begegnen

Programme für den Notfall

Vorsorge ist besser als Nachsorge

In der Praxis werden nach wie vor eher Pläne für negative Ereignisse als für die Nutzung von Chancen entwickelt. Das heißt, dass sich die Planung von normierten, also vorbestimmten Verhaltensweisen für Abweichungen von der Planung meist auf negative Fälle beschränkt.

Um Ihnen zunächst Maßnahmen für besonders dringenden Handlungsbedarf zu erläutern, möchte ich auch hier mit Programmen für Notfälle, nicht für Glücksfälle beginnen. Alle danach vorgestellten Maßnahmen werden sich dann nicht nur auf Risiken, sondern ebenso auf Chancen beziehen.

Notfallprogramme im Sinne von Vorsorgemaßnahmen sind schon Bestandteil unseres täglichen Lebens und begegnen uns, ohne dass wir sie bewusst als solche wahrnehmen. Denken Sie nur an eine Fahrt mit der U-Bahn und das Schild, das Ihnen Verhaltensweisen bei Betriebsstörungen erläutert. Das ist nichts anderes als ein Notfallprogramm. Erst recht gilt das für Sicherheitsunterweisungen im Betrieb, bis hin zu Katastrophenschutzplänen in einem Chemiebetrieb oder einem Kernkraftwerk. Aber auch schon jeder gute Gastgeber hält als Nachspeise für seine Essensgäste auch noch einen Kuchen bereit, falls das Soufflé misslingen sollte.

In der Arbeits- und Berufswelt werden Sie aber schnell feststellen, dass sich die meisten dieser Notfallmaßnahmen auf Störungen des jeweils laufenden Betriebes oder Geschäfts beziehen und nicht auf ein Projektgeschehen. Dabei sind, wie schon in der Einführung erläutert, gerade Projekte auf eine spezifische Art risikobehaftet. Projekte sind einmalig und Routinen lassen sich weniger festlegen, als das bei sich immer wiederholenden Prozessen der Fall wäre.

Wenn aber Projekte so unterschiedlich sind und die Situationen so unvorhersehbar scheinen, warum sollen Sie sich dann überhaupt Gedanken über Programme für Notfälle machen?

Die Antwort muss zweiteilig ausfallen: Zum einen gibt es im Projekt prinzipiell zwei Zustände. Zunächst sind Sie in der Planungsphase. Sie planen Ihr Projekt und haben (auch wenn Ihnen das nicht immer so vorkommen mag) eher die Zeit, sich Gedanken über Erwünschtes und Unerwünschtes zu machen und sich darauf einzustellen. Ist das Projekt erst einmal angelaufen, wird es vom Tagesgeschäft bestimmt und Ihnen bleibt nur noch wenig Zeit zur Planung.

Zum zweiten dürfte der Notfall in der Regel überraschend eintreten und schnelle Reaktionen verlangen. Die Zeit reicht dann häufig nicht, umfassende Maßnahmen von Grund auf zu planen. Viele Projektleiter, die dann nicht vorbereitet sind, handeln einfach intuitiv. Und Intuition äußert sich leider oft als die Fähigkeit, innerhalb kürzester Zeit die falsche Entscheidung zu treffen.

Die Lösung sind Notfallprogramme, die geeignete Maßnahmen so weit festlegen, wie es im Vorfeld absehbar ist. Prinzipiell sollte mit ihnen also ein gewisser Automatismus erzeugt werden, d. h. es sind Auslösefaktoren und Eskalationsstufen festzulegen.

Feste Regeln und Eskalationsstufen Einen Maßstab dazu bilden die in Kapitel 2 beschriebenen Raster und Tabellen. Auslösefaktoren können am erstmaligen Auftreten eines Risikos oder an dessen Entwicklung orientiert sein, z. B. nach folgenden Regeln:

- Wenn Situation X eintritt, löst das Reaktion A aus
- Wenn die Situation sich über Grenze Y hinaus entwickelt, setzt Reaktion B ein
- Wenn die Situation Z über einen bestimmten Zeitraum existiert, wird Reaktion C ausgelöst

Im kommerziellen Bereich eines Projekts könnten also beispielsweise verschiedene Eskalationsstufen vorgesehen sein:

- Wenn beim Projektkunden Insolvenz droht, werden Lieferungen nur noch unter Eigentumsvorbehalt getätigt.
- Wenn die Summe der offenen Claims gegen den Projektkunden eine bestimmte Höhe übersteigt, muss die Geschäftsführung informiert und das weitere Vorgehen mit ihr abgestimmt werden.
- Wenn über Nachforderungen vom Projektkunden nicht innerhalb eines bestimmten Zeitraums entschieden wird, gelten sie als akzeptiert.

Notfallprogramme beziehen sich, den Aufgaben des Projektmanagements entsprechend, auf präventive, also schadensverhindernde, mehr noch aber auf korrektive, also schadensmindernde Maßnahmen. Dies ist im Übrigen, soweit der Eintritt eines Schadens moralisch oder betriebswirtschaftlich überhaupt tolerabel ist, auch häufig der wirtschaftlichere Weg des Risikomanagements. Es verursacht in der Regel mehr Aufwand und Kosten, ständig gegen alle möglichen Gefahren auf der Hut zu sein, als so vorzusorgen, dass im Krisenfall schnell und effektiv reagiert werden kann.

In jedem Projekt besteht z. B. das Risiko, dass ein wichtiger Projektmitarbeiter oder gar der Projektmanager selbst krankheitsbedingt ausfällt. Daraus droht ein Schaden, wenn ein Nachfolger die

Historie und die Gegebenheiten des Projekts nicht kennt und deshalb nicht genauso effektiv arbeiten kann. Eine präventive (also schadensverhindernde) Maßnahme könnte darin bestehen, bei wichtigen Projektmitarbeitern einschließlich des Projektleiters von Anfang an einen Stellvertreter in das Projekt einzubinden, der bei Eintritt des Risikos die Leitung nahtlos übernehmen kann. Eine solche, vielleicht wünschenswerte und sachlich elegante Lösung wird bloß häufig, insbesondere bei einem kleineren Projekt, aus wirtschaftlichen Gründen oder aufgrund einer dünnen Personaldecke für das Projektmanagement nicht durchführbar sein. Was ist zu tun?

Die Lösung liegt in der Vorsorge- und Notfallplanung, die etwa so aussehen könnte, dass man einheitliche Standards für die Projektabwicklung und die Dokumentation schafft und zusätzlich einen Stellvertreter in spe benennt, der einmal wöchentlich für eine Stunde auf dem Laufenden gehalten wird.

Insgesamt kommt es also auf ein Zusammenspiel von Einzelmaßnahmen an, die ihre Wirkung im Verbund entfalten. Im hier genannten Beispiel käme noch zusätzlich die Variante in Betracht, den potenziellen Stellvertreter aus dem Projektteam selbst zu wählen, um damit die Einarbeitungszeit möglichst gering zu halten.

Achtung:
Bilden Sie „Metaebenen" und erarbeiten Sie Szenarien, um eine mögliche Situation möglichst umfassend zu beschreiben. Entwickeln Sie dann ein systematisches Notfallprogramm aus den Summen ausgewählter Einzelmaßnahmen, insbesondere denen mit korrektiver Wirkung.

Im Rahmen von Notfallprogrammen ist es also besonders wichtig, Maßnahmen nicht isoliert, sondern als Maßnahmenbündel zu betrachten, in dem einzelne Maßnahmen zueinander in Wechselbeziehung stehen. Durch Szenarienplanung werden diese Zusammenhänge erkennbar. Hier spielen Sie verschiedene Varianten und Wahrscheinlichkeiten systematisch durch.

Beispiel:

Ein Unternehmen des produzierenden Gewerbes möchte in eine neue Fertigungsanlage investieren und dabei innovative, besonders umweltfreundliche Technologien einsetzen. Diese sind betriebswirtschaftlich aber nur dann sinnvoll, wenn die dafür gegenwärtig gewährten staatlichen Förderungen auch noch in den nächsten acht Jahren gezahlt werden. Sollte die Förderung entfallen, müsste die Anlage in der konventionellen Technik ausgeführt werden.

Die Anlage wird außerdem möglichst schnell benötigt, um die gegenwärtigen Marktchancen für das darauf zu fertigende Produkt zu nutzen.

In drei Monaten stehen Wahlen an. Bei einem Regierungswechsel (Wahrscheinlichkeit: 50 %) könnten die bisherigen Förderungen gestrichen werden. Die Entscheidung wird in spätestens einem Monat nach der Wahl fallen. Aber auch bei einem Wahlsieg der bisherigen Regierung könnten zumindest Teile des Förderungsprogramms geändert werden. Die Ankündigung wird schnell erfolgen, für die Ausführungsbestimmungen ist mit sechs Monaten zu rechnen.

Aufgrund langer Lieferzeiten von Schlüsselkomponenten werden aber bereits jetzt Planungsarbeiten durchgeführt und Entscheidungen über Bestellungen getroffen. Dabei besteht das Risiko, dass diese Entscheidungen sich je nach der politischen Entwicklung als mehr oder weniger falsch herausstellen könnten. Außerdem benötigt die favorisierte, neue Technologie zusätzliches Personal, das umgeschult bzw. neu eingestellt und eingearbeitet werden müsste.

Folgende mögliche korrektive Maßnahmen (M1-8) werden im Unternehmen nun geprüft, um sie ggf. umzusetzen. Damit werden die später bei Eintritt eines der Szenarien notwendigen Maßnahmenpakete, die bausteinartig aus einzelnen Maßnahmen kombiniert werden, vorbereitet.

- **M1**: Vereinbarungen zu Stornomöglichkeiten und -gebühren von einzelnen Teilen treffen
- **M2**: Möglichkeiten der Umplanung der Anlage mit alter Technologie mit einbeziehen
- **M3**: Planungen zunächst auf die Teile der Anlage beschränken, die in jedem Fall benötigt werden
- **M4**: Kapazitäten bei den Lieferanten zunächst reservieren und nach Feststellung der politischen Entscheidung die restliche Planung unverzüglich durchzuführen
- **M5**: Möglichkeit sichern, Personal anderweitig einzusetzen

- **M6**: Möglichkeiten der Umschulung von Personal bei veränderten Bedingungen prüfen
- **M7**: Durch Preisvereinbarungen mit Lieferanten diese an den Risiken beteiligen
- **M8**: Bestelloptionen und Reservierungen zum Abruf bestimmter Teile vereinbaren
- **M9**: Möglichkeit schaffen, gegen Mehrpreise beschleunigte Lieferungen zu erhalten
- **M10-n**: Weitere Maßnahmen

Nun werden verschiedene Szenarien (S1-4) geplant. Diese könnten wie folgt aussehen:

- **S1**: Bisherige Regierung bleibt im Amt; Förderung wird wie bisher geleistet.
- **S2**: Bisherige Regierung bleibt im Amt; Ankündigung, dass Förderung geändert wird.
- **S3**:Neue Regierung kommt ins Amt, spätere Ankündigung, dass Förderung nicht geändert wird.
- **S4**: Neue Regierung kommt ins Amt, spätere Ankündigung, dass Förderung abgeschafft wird

Wirkung von S1: Die bisherigen Planungskonzepte müssen nicht geändert werden, die restliche Planung wird unverzüglich in Gang gesetzt. Die Anlage kann und soll möglichst schnell wie vorgesehen realisiert werden.

Wahrscheinlichkeit für S1: ca. 35 %.

Maßnahmenpaket:

- sofortiger Start der restlichen Planungen
- Einbindung zusätzlicher Ingenieurkapazitäten
- sofortiger Start der Rekrutierung und der Umschulungsmaßnahmen
- Bereitstellung zusätzlichen Personals für Train-the-Trainer-Konzepte
- sofortige Umwandlung von Optionen in feste Bestellungen

Wirkung von S2: Die bisherigen Planungskonzepte müssen teilweise geändert werden. Art und Umfang der Änderungen werden erst in den Folgemonaten bekannt; lange Zeit der Unsicherheit über tatsächliche Ausprägung und Konsequenzen. Zu erwarten ist auch eine Diskussion im Unternehmensvorstand, die die Investition generell in Frage stellen könnte.

Wahrscheinlichkeit für S2: ca. 15 %

Maßnahmenpaket:

- langsamer Start der restlichen Planungen unter Einschluss der Möglichkeit von Umplanungen zur Berücksichtigung neuer Gegebenheiten
- keine Einbindung zusätzlicher Ingenieurkapazitäten
- Aufnahme von Kontakten für frühzeitige Richtungsinformationen und zur Einflussnahme auf die Ausführungsbestimmungen und Prüfung und Umsetzung der Änderungen der Umschulungsmaßnahmen
- Einsatz des Personals in mittelfristig anderer Verwendung
- langfristige Termine für Lieferungen vereinbaren
- Optionen für kostenfreie Detailänderungen vereinbaren

Wirkung von S3: Nach einem Monat der Unsicherheit kann die Planung und Realisierung der Anlage wie ursprünglich vorgesehen vorgenommen werden. Für die Übergangszeit bis zur Entscheidung werden kurzfristige Überbrückungsmaßnahmen vorgesehen.

Wahrscheinlichkeit für S3: ca. 20 %

Maßnahmenpaket (kurzfristig):

- langsamer und sparsamer Start der notwendigsten Planungen
- restliche Planungen nach und nach bei wachsender Sicherheit
- Berücksichtigung der Möglichkeit, dass das gesamte Projekt mit bisheriger Technologie umgesetzt wird
- keine Einbindung zusätzlicher Ingenieurkapazitäten
- Einsatz des Personals in kurzfristig anderer Verwendung
- Optionen für kurzfristige Detailanpassungen und Lieferungen vereinbaren

Bei Ankündigung, dass die Förderung nicht geändert wird, unverzüglich Realisierung des Maßnahmenpakets gemäß S1.

Wirkung von S4: Nach einem Monat der Unsicherheit muss die Planung und Realisierung der Anlage auf das herkömmliche Verfahren ausgerichtet werden. Für die Übergangszeit bis zur Entscheidung werden kurzfristige Überbrückungsmaßnahmen vorgesehen.

Wahrscheinlichkeit für S4: ca. 30%

Maßnahmenpaket (kurzfristig):

Wie bei S3

Wenn die Ankündigung kommt, dass die Förderung abgeschafft wird, greift folgendes Maßnahmenpaket:

- sofortiger Start der Änderung der erbrachten und Start der restlichen Planungen
- Einbindung zusätzlicher Ingenieurkapazitäten

- Einsatz zusätzlichen Personals in dauerhaft anderer Verwendung
- Optionen und Bestellungen stornieren bzw. ändern
- kurzfristige Detailanpassungen und Lieferungen für herkömmliche Technologie vereinbaren

Aus dem Beispiel sollte deutlich geworden sein, was mit der Formulierung komplexer Szenarien und Maßnahmenpakete gemeint ist. Planungen für den Notfall, d. h. in der Regel das Eintreten eines Risikos, sind essenzieller Bestandteil des Risikomanagements – genau genommen sogar dessen Gegenstand. Gerade für frühe und grundsätzliche Phasen des Projekts oder noch in dessen Vorfeld stehen komplexe strategische Überlegungen an. Für diese Situation empfehle ich Ihnen, möglichst vollständige Szenarien zu entwerfen und Maßnahmenbündel als umfangreiche Notfallplanung zu entwerfen. Damit tragen Sie der gegenseitigen Wechselwirkung einzelner Maßnahmen Rechnung und für die gesamte Situation steht Ihnen bei Bedarf eine Handlungsanweisung zur Verfügung.

3.2   Hilfen bei der Maßnahmensuche

Risikomanagement muss nicht in jedem Fall aufwändig oder komplex sein. Im Gegenteil, vor allem bei kleineren Projekten können erste und einfache Bearbeitungsschritte insbesondere zu Projektbeginn, aber auch im weiteren Projektverlauf dabei helfen, einen Überblick über die Situation und mögliche Maßnahmen zu gewinnen. Mit den im Folgenden vorgestellten Instrumenten sollen grundsätzliche Gegebenheiten und Gefährdungen des Projekts möglichst frühzeitig erkannt werden. Später ist eine noch so präzise Detailarbeit sinnlos, wenn generelle Faktoren falsch oder gar nicht berücksichtigt wurden.

Starten mithilfe einer Kausalitätenkette

Eine erste Möglichkeit, die richtigen Maßnahmen zum Umgang mit Risiken zu erkennen, bietet Ihnen eine Folge einfacher Fragen: (1) Besteht eine konkrete Bedrohung, oder nur eine allgemeine Gefahr? (2) Steht dieser Bedrohung in diesem Fall eine Schwachstelle gegen-

Was folgt aus dem Eintritt bestimmter Risiken?

über? (3) Ist damit bei Eintreten eine Tragweite oder ein quantifizierbarer Wert verbunden? Damit fragen Sie nach drei wesentlichen Faktoren eines Risikopotenzials:

- Konkrete Bedrohungen
- Schwachstellen
- Zu erwartende Schäden

Nehmen Sie zum Beispiel das Risiko, dass In Ihrem Projekt ein Unterlieferant insolvent wird und seinen Verpflichtungen nicht mehr nachkommt. Eine solche Gefahr besteht allgemein, Insolvenzen und damit verbundene Ausfälle passieren leider täglich. Sie fragen sich nun aber, ob bei Ihrem Unterlieferanten tatsächlich eine solche Bedrohung besteht. Gibt es Hinweise auf eine solche Situation? Wenn nein, dann stellt diese allgemein mögliche Gefahr für Sie und Ihr Projekt in diesem Fall keine konkrete Bedrohung dar.

Nächste Frage: Ist Ihr Projekt im Falle eines Lieferantenausfalls verletzlich und falls ja, wo ist es das? Verletzlich wären Sie z. B., wenn aufgrund längerer Lieferzeiten in angemessener Zeit kein ausreichender Ersatz für das ausgefallene Produkt beschaffbar wäre.

Dann: Ist bei Eintreten des Lieferantenausfalls mit einem ernsthaften Schaden zu rechnen? Werden Sie z. B. von diesem Lieferanten Schlüsselelemente erhalten, ohne die Sie wiederum Ihre gesamte Leistung nicht erbringen können? Können Sie eventuell sogar mit Vertragsstrafen belegt werden, weil Sie Ihre Leistung nicht erbringen?

Das gesamte Risikopotenzial aus den vorstehend geschilderten Umständen ergibt sich aus einer Multiplikation der drei Faktoren konkrete Bedrohung, Schwachstellen und zu erwartender Schaden. Daraus folgt aber: Gelingt es, einen der drei Faktoren auf Null oder nahe Null zu setzen, entwickelt sich das gesamte Risikopotenzial als Produkt der Faktoren gegen Null.

Finden und beauftragen Sie also Unterlieferanten mit hoher Bonität und Zuverlässigkeit, so minimieren Sie die Bedrohung. Erschließen Sie weitere Lieferquellen, so können Sie die Unteraufträge auf mehr als einen Lieferanten aufteilen und Anfälligkeit verringern. (Was

u. U. mit dem Nachteil erkauft werden muss, dass der Abnahmepreis aufgrund geringerer Mengen beim einzelnen Anbieter steigt – das ist dann gewissermaßen Ihre „Versicherungsprämie".) Stoßen Sie auf technische Alternativen, so können Sie Schlüsselelemente ersetzen und verringern das Risiko. Gelingt es Ihnen, Vertragsstrafen auf Ihre Zulieferer zu übertragen, lässt sich zumindest der finanzielle Schaden vermindern.

Achtung:
In der Praxis ist es oft schwierig, Vertragsstrafen auf Zulieferer abzuwälzen, weil der finanzielle Anteil auch von Schlüsselelementen am Wert des Gesamtprojekts relativ gering sein kann. Das bedeutet, dass die Vertragsstrafe aus der Zulieferung selten so hoch sein wird, dass damit eine von Ihnen zu zahlende Vertragsstrafe auf den gesamten Projektwert gedeckt ist.

Sehen Sie also das Risikopotenzial als Produkt von drei Einflussfaktoren, dann erkennen Sie, dass die Minimierung jedes einzelnen Faktors bereits dazu führt, dass sich das gesamte Risikopotenzial minimiert.

Allerdings werden Sie in den frühen Phasen des Projekts, wenn der Informationsstand noch gering ist, mit eher groben Fragen und Überlegungen arbeiten müssen. Das sollte Sie aber nicht davon abhalten, die Sache anzugehen.

Achtung:
Untersuchen Sie bereits im frühen Stadium des Projekts das Risikopotenzial und mögliche Maßnahmen, indem Sie Fragen nach Bedrohungen, Schwachstellen und zu erwartenden Schäden stellen und nach Alternativen suchen. So wird erkennbar, welchen Handlungsspielraum Sie im Schadensfall haben. Ein schneller, erster Überblick hilft Ihnen, sowohl das Risikopotenzial als auch die Aktions- bzw. Reaktionsmöglichkeiten und deren Wirkung abzuschätzen. Risiken haben Auswirkungen, die sich auf Ursachen zurückführen lassen. Kennen Sie die Ursachen, dann können Sie auch die die Kausalitätenkette verfolgen, die letztlich zu einem unerwünschten Zustand – dem Eintritt des Risikos – führt. Aus solchen Überlegungen können Sie dann erste Maßnahmen ableiten.

> **Hinweis:**
>
> Im Folgenden werden **Formblätter** in die Darstellung einbezogen, die Sie **auf der beigefügten CD** finden. Diese Formblätter bieten Ihnen eine erhebliche Arbeitserleichterung, die hier vorgestellten Maßnahmen Schritt für Schritt umzusetzen. Ich empfehle Ihnen, diese Formblätter zunächst von der CD aufzurufen und auszudrucken. (Die weitere Darstellung ist aber auch aus sich heraus verständlich.)

Formblatt 1

Die Analyse möglicher Kausalitätenketten sollten Sie systematisch und schriftlich vornehmen. Bei dieser Arbeitsweise unterstützt Sie Formblatt 1, das Sie auf der CD des Buches finden. Mit dem Formblatt sollen Überlegungen erleichtert werden, die am Anfang bzw. besser noch vor Beginn des Projekts anzustellen sind. In dieser frühen Situation sind aufgrund des in der Regel noch nicht detailliert fortgeschrittenen Planungsstandes eher generelle Überlegungen zum Projekt und möglichen sachlich oder zeitlich übergreifenden Problemen (oder auch Chancen) anzustellen. Folgende vier Themen, denen die Felder auf dem Formblatt entsprechen, werden Schritt für Schritt bearbeitet:

- **Beschreibung zur Situation der Chancen bzw. Probleme und Risiken:** Hier sollen zunächst die Ausgangssituation, die Verkettung zu anderen Risiken oder Chancen, negative oder positive Synergien, die jeweils optimistische, wahrscheinliche und pessimistische Situation in der Zukunft, die Betroffenen und ähnliche Faktoren berücksichtigt werden.

- **Beschreibung der Auswirkungen:** Hier beschreiben Sie die qualitativen und quantitativen Auswirkungen, auch als Basis zur späteren Beurteilung der Wirksamkeit von Maßnahmen sowie des dafür wirtschaftlich vertretbaren Aufwands. Dabei sind mögliche finanzielle und andere Auswirkungen, wie z. B. externe Imageschäden oder interne Demotivation, Folgeprobleme, Kausalitäten zu anderen Risiken oder Chancen usw., darzustellen und zu bewerten.

- **Beschreibung der Ursachen:** Hier sollen Ursachen bzw. Ursachenbündel beschrieben werden, die zum Eintreten der beschriebenen Situationen, des unerwünschten Ereignisses oder

Zustands geführt haben. Danach erfolgt die Analyse der Kausalitätenkette, vom Auslöser über Folgeerscheinungen bis zum Eintreten des Risikos oder dem Auftreten der Chance. Durch die Rückleitung aus der Zukunft in die Gegenwart wird im vierten Schritt dann die Möglichkeit eröffnet, die zukünftige Entwicklung durch entsprechende Maßnahmen in die gewünschte Richtung zu lenken. Eine möglichst genaue Definition der Ursachen ist also die Basis für den Erfolg der Maßnahmen, die Sie im nachstehenden Schritt festlegen. Sind die Ursachen genau genug definiert, ergeben sich die Maßnahmen teils von selbst. Denn Sie definieren in der Gegenwart eine mögliche unerwünschte Situation in der Zukunft und betrachten dann die Abläufe und Schritte, die aus der Gegenwart in diese Zukunft führen.

- **Beschreibung der Maßnahmen:** Schließlich erfolgt die Beschreibung von ersten möglichen Maßnahmen gegen das Eintreten des Risikos oder gegen Folgeerscheinungen der beschriebene Probleme und Risiken (bzw. zur Förderung entsprechender Chancen). Es werden also Maßnahmen gesucht und formuliert, mit denen Sie unerwünschte Abläufe verhindern, ausschalten oder in eine andere Richtung lenken können. Anders ausgedrückt: Sie durchbrechen die Kette der unerwünschten Kausalitäten, indem Sie diese durch Maßnahmen ersetzen, die das erwünschte anstelle des unerwünschten Ergebnisses erwarten lassen. Diese Maßnahmen sollten Sie als Vorgänge einschließlich Terminen und Verantwortlichen definieren. Außerdem sollten Sie Entscheidungs-, Auslösungs- und Eskalationskriterien sowie Zeitaufwand und Kosten festlegen.

Beispiel:

Ein Projektleiter plant den Versand leicht zerbrechlicher Bauteile. Der geplante Zustand ist, dass diese Bauteile ihr Ziel unbeschädigt erreichen. Das Risiko besteht darin, dass dies nicht eintritt, sondern die Bauteile beschädigt werden. Der unerwünschte Zustand in der Zukunft sind also die beschädigten Bauteile.

Die Auswirkung besteht zunächst im unmittelbaren Schaden aus dem unerwünschten Zustand, z. B. der Kosten für eine Ersatzbeschaffung. Des Weiteren können mittelbare Schäden eintreten, z. B. durch Terminverzug im Projekt. Auslöser für die Beschädigung kann z.B. sein, dass die Bauteile auf dem Transport unsanft behandelt werden und die verwendete (standardmäßige) Verpackung nicht ausreicht, der Beanspruchung Stand zu halten.

Der Möglichkeit der unsanften Behandlung kann der Projektleiter eventuell mit Warnhinweisen auf der Verpackung entgegenwirken – mit allerdings zweifelhaften Erfolgsaussichten. Besser wäre es wahrscheinlich, eine stabilere Verpackung zu bestellen, die genau die Kausalitätenkette „unsanftes Handhaben – unzureichende Verpackung – beschädigter Gegenstand unterbricht.

Sie analysieren also Ausprägung und Möglichkeit einer unerwünschten Situation in der Zukunft und stellen die Weichen in der Gegenwart so, dass die unerwünschte Zukunft nicht eintritt. Und immer wieder gilt: Die wirklich exakten Definitionen, hier zu den Ursachen, sind die Basis für wirksame Maßnahmen.

Mit begrenzt oder unbegrenzt verschiedenen Ausprägungen arbeiten

Überlegungen zu Kausalitätenketten können bei größeren Projekten vor dem Start und in der Anfangsphase helfen, sind aber für den weiteren Projektverlauf nicht präzise genug. Von einem gewissen Zeitpunkt oder einer gewissen Größenordnung an müssen Sie zu Hilfsmitteln greifen, die einen höheren Detaillierungsgrad erlauben.

Termine im Griff behalten

Einer der Eckpfeiler einer sicheren und erfolgreichen Projektabwicklung ist die Termintreue. Wer seine Termine im Griff hat, beherrscht zumeist auch seine Kosten. Ein bekanntes Werkzeug der Terminplanung ist die Netzplantechnik. Die Meinungen der Praktiker gehen hier allerdings manchmal auseinander. Für den einen ist sie ein unverzichtbares Hilfsmittel, der andere lehnt sie als zu kompliziert ab.

Genau genommen kommt die Netzplantechnik im Projekt fast immer zu Einsatz – direkt und sichtbar, wenn tatsächlich ein Netzplan erstellt wird, indirekt, wenn Vorgänge auf einer Zeitachse nacheinander angeordnet werden. Der Grund für eine solche Anordnung sind Abhängigkeiten zwischen den Vorgängen, also genau die Planungsgesichtspunkte, die in der Netzplantechnik berücksichtigt werden.

Die Netzplantechnik kann nun auch für das Risikomanagement nutzbar gemacht werden. Aus ihrer Anwendung und ihrem Planungsansatz folgen nämlich bereits Hinweise zu möglichen Risiken. So werden insbesondere durch Darstellung des „kritischen Pfades" und möglicher „subkritischer Pfade" risikorelevante Informationen bezüglich der Terminsituation geliefert. Dabei nutzt die Netzplantechnik zur Ermittlung der Gesamtdauer die Zeitabschnitte, die für die einzelnen Vorgänge angegeben sind. Anders ausgedrückt: In der Terminberechnung wird zunächst davon ausgegangen, dass die für die Vorgänge geschätzten Zeitabschnitte die einzig richtigen sind. Damit ist der Planende zunächst dem Risiko von Irrtümern und Terminänderungen ausgesetzt.

Wenn Sie über mögliche Maßnahmen nachdenken, mit denen Sie dem Risiko ungenauer Schätzungen von Zeitdauern begegnen können, müssen Sie zunächst zwischen zwei verschiedenen möglichen Situationen unterscheiden:

• Nur bestimmte, von ihrer Anzahl her begrenzte Ausprägungen können eintreten (vgl. Abb.8)

• Die Zahl der möglichen Ausprägungen kann unbegrenzt sein

Der Unterschied besteht darin, dass im ersten Fall jedem einzelnen Wert eine Wahrscheinlichkeit zugeordnet werden kann. Die Summe all dieser Wahrscheinlichkeiten addiert sich dann auf 100 %, denn irgendeine der Situationen, sprich: irgendeine der bestimmten Zeitschätzungen, muss ja zutreffen.

Ein Beispiel für den ersten Fall: Sie wollen von Hannover nach Berlin fahren und wählen dafür die Bahn. Der Zug verkehrt alle halbe Stunde. Je nach dem, welchen Zug Sie in Hannover erreichen, kommen Sie zum Zeitpunkt X (optimistischer Fall), zum Zeitpunkt X+30 min oder zum Zeitpunkt X+60 min in Berlin an. Dabei hat jeder der drei Werte eine bestimmte Einzelwahrscheinlichkeit, die sich zusammen zu 100 % addieren. Die Ankunft etwa um X+20 min ist aber unmöglich (jedenfalls nicht nach dem Fahrplan und bei unterstellter Pünktlichkeit der Bahn). Von dieser Situation und davon, wie mit ihr im Hinblick auf mögliche Maßnahmen umzugehen ist, handelt dieser Abschnitt.

Hier noch ein Beispiel für den zweiten Fall: Dieser Situation entspräche es, wenn Sie anstelle der Bahn das Auto nutzen würden. Damit ändern sich die Eingangsvoraussetzungen, und es werden Zwischenwerte möglich. Mit dem Auto können Sie vielleicht ebenfalls frühestens zum Zeitpunkt X in Berlin eintreffen. Spätestens rechnen Sie damit, zum Zeitpunkt X + 60 min anzukommen. Allerdings sind hier zwischen X und X+60 min unendlich viele Zwischenwerte möglich (kardinale Skalierung, siehe auch Kapitel 2).

Mit dieser zweiten Situation wird sich der Abschnitt über die Anwendung des PERT-Verfahrens auseinander setzen. Zunächst aber zum ersten Fall, bei dem Sie nur eine begrenzte Zahl von Möglichkeiten kennen. Sie müssen die Maßnahmenplanung dann so gestalten, dass sie diesen Gegebenheiten gerecht wird. Das bedeutet vor allem, nicht von Durchschnittswerten auszugehen, sondern von den Fällen, die in der Praxis tatsächlich eintreten können. Maßnahmen planen Sie vor allem für den pessimistischen Fall. Am besten lässt sich das zunächst anhand eines Beispiels verdeutlichen.

Beispiel:

Sie sollen regelmäßig den Zeitbedarf von Instandhaltungsarbeiten an gleichartigen technischen Anlagen planen. Den tatsächlichen Bedarf können Sie aber immer erst im Einzelfall nach Abstellen und Inspektion der Anlage feststellen. Angenommen, es gäbe nur drei Möglichkeiten, deren einzelne Wahrscheinlichkeiten sich zu 100 % addieren. Daraus ergeben sich drei mögliche Situationen:

- Situation A: In jedem Fall muss die Anlage abgeschaltet und die Prüfung vorbereitet und durchgeführt werden. Dauer: 5 Tage. Im günstigsten Fall mit nur geringem Verschleiß sind dann keine weiteren Arbeiten nötig (10 % aller Fälle).

- Situation B: Meistens müssen zumindest die stark beanspruchten Verschleißteile ausgewechselt werden. Man wird aus Gründen der Betriebssicherheit alle Teile austauschen, so dass standardmäßig Arbeiten mit einer Dauer von 10 Tagen notwendig werden (70% aller Fälle).

- Situation C: Bei besonders starkem Verschleiß wird man sich unter Umständen entschließen müssen, eine Grundinstandsetzung durchzuführen. Diese Arbeiten beanspruchen ca. 30 Tage (20 % aller Fälle).

Soll es nur diese drei Möglichkeiten geben, die Arbeiten abzuwickeln, sind keine Zwischenwerte möglich und es gelten folgende Eintrittswahrscheinlichkeiten (W = Wahrscheinlichkeit):

- Optimistischer Wert: 5 Tage (wenig Verschleiß), W = 10 %
- Häufigster Wert: 10 Tage (normaler Verschleiß), W = 70 %
- Pessimistischer Wert: 30 Tage (starker Verschleiß), W = 20 %

Der durchschnittliche gewichtete Wert beträgt 13,5 Tage. Das ist jedoch ein Wert, der in der Praxis gemäß den gegebenen Voraussetzungen nie eintreten kann. Für die Berechnung eines Termins würde sich vermutlich die Angabe „10 Tage" eignen, da damit der Zeitbedarf in 80 % der Fälle ausreichte.

Für die übrigen 20% müssten Sie dann andere Maßnahmen ergreifen, z. B. wissen Sie nach 5 Tagen, wenn die Prüfungen abgeschlossen sind, welche weiteren Arbeiten notwendig werden. Vielleicht können Sie bei Eintreten des pessimistischen Falls mit einer zweiten Schicht arbeiten, Verträge so abschließen, dass keine Vertragsstrafe fällig wird usw.

Für die Kalkulation eines Aufwands (z. B. wenn diese Leistungen 100-fach im Jahr zu einem Festpreis angeboten werden sollen), wäre der durchschnittliche gewichtete Wert von 13,5 Tagen dann aber wiederum geeignet, weil bei besser laufenden Aufträgen für schlechtere etwas angespart werden kann.

Den im Beispiel beschriebenen Sachverhalt einer „schiefen" Verteilung verdeutlicht Abbildung 8. Aus der Grafik können Sie leicht ablesen, dass Verbesserungen meist schneller Grenzen gesetzt sind als Verschlechterungen.

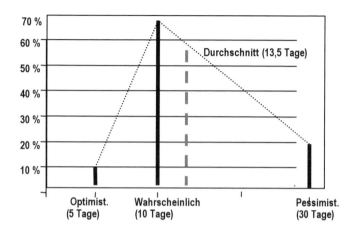

Abbildung 8: Beispiel für eine „schiefe" Verteilung von Wahrscheinlichkeiten

Es gibt hier also keine Normalverteilung zwischen möglichen positiven und negativen Veränderungen. Die Möglichkeit, dass etwas besser werden kann, ist geringer als die Möglichkeit einer Verschlechterung. Vielleicht geht man auch deshalb bei Planungen eher optimistisch zu Werke und möglicherweise fällt es deshalb auch leichter, nach Risiken im Projekt zu suchen, als nach Chancen.

Mit nicht begrenzten Ausprägungen nach dem PERT-Verfahren arbeiten

Wenn es in einer Situation bei der Berechnung von Wahrscheinlichkeiten eine unendlich große Zahl möglicher Zwischenwerte geben kann, müssen Sie mit anderen Maßnahmen ansetzen. Die Frage ist dann nicht mehr, mit welcher Wahrscheinlichkeit ein bestimmter Wert erreicht wird, sondern ob und inwiefern er erreicht, über- oder unterschritten wird.

Diese Frage kann durch den Einsatz des PERT-Verfahrens beantwortet werden. PERT steht für „Program Evaluation and Review Technique". Die Kombination von Netzplantechnik und PERT führt im Risikomanagement bei Projekten zu Erkenntnissen über mögliche Abweichungen in der Terminplanung und damit zu mehr Planungssicherheit.

Die PERT basiert darauf, dass nicht nur der Wert für die Vorgangsdauer in der Planung berücksichtigt wird, der als der häufigste und damit wahrscheinlichste angesehen wird. Vielmehr ergänzt die PERT diesen Wert um eine mögliche pessimistische und – mit Blick auf mögliche Chancen – eine optimistische Variante. Damit werden also insgesamt drei Werte in die Rechnung einbezogen. Als Ergebnis erhalten Sie dann neben der wahrscheinlichen Dauer eines Vorgangs oder eines Projekts auch eine pessimistische und eine optimistische Variante.

Best Case und Worst Case

Dieses Verfahren kann z. B. als Teil einer Maßnahmenplanung zur Anwendung kommen, wenn ein als zu unsicher erkannter kalkulierter oder geschätzter Wert für die Dauer eines Vorgangs oder des gesamten Projekts durch einen sichereren ersetzt werden soll.

Die PERT zeigt unter anderem, dass subkritische Wege bei Verwendung der pessimistischen Varianten für einzelne Vorgänge zu neuen kritischen Wegen werden können, wenn die Schwankungsbreite (Volatilität) eines zunächst nicht kritischen Vorgangs entsprechend groß ist. Diese Information ist wichtig für das gesamte Projekt, aber auch für einzelne besonders zeitkritische Vorgänge, die etwa mit Zwischenpönalen belegt sein können.

Bedingt durch den statistikgestützten Ansatz der PERT liefert das Verfahren Hinweise auf die Verlängerung von Vorgangsdauern, die zu einem wesentlich höheren Maß an Sicherheit führen, ohne dass gleichzeitig maximale Vorsorge getroffen werden müsste. Mögliche Schwankungen werden so berücksichtigt, dass eine Sicherheit von ca. 95 % erreicht wird, die Sie als ausreichend betrachten dürfen.

Die Rechnung mit der PERT ist einfacher als genaue Statistikverfahren, in denen Werte, wie etwa die Standardabweichung, mit Wurzelrechnungen u. ä. ermittelt werden. Es ist aufgrund der Ungenauigkeit der Eingangsgrößen auch überhaupt nicht sinnvoll, diese präzisen Rechenverfahren zu unterziehen. Man könnte zwar auf Dezimalstellen genau rechnen, nur wird dadurch die Unsicherheit der Eingangsgrößen nicht geringer und das Ergebnis nicht richtiger.

Anders ausgedrückt: Sie irren sich immer noch, aber viel genauer. Die PERT liefert dagegen einen pragmatischen, leicht zu handhabenden und dennoch ausreichend genauen Ansatz.

Denken Sie noch einmal zurück an das Beispiel aus dem letzten Abschnitt, in dem es um den Zeitbedarf von Instandhaltungsarbeiten an gleichartigen technischen Anlagen ging. Gehen Sie jetzt einmal davon aus, dass es keine Einschränkungen bezüglich des Zeitbedarfs für die Abwicklung der Arbeiten gibt, und dass somit beliebig viele zeitliche Zwischenwerte innerhalb einer Schwankungsbreite möglich sind. Dann hilft Ihnen die PERT bei der Maßnahmenplanung.

Grundlagen der PERT

Normalverteilung und Schwankungsbreite

Die PERT basiert auf der Normalverteilung oder auch „Glockenkurve" nach Gauß. In der hier gewählten Form der Glocke befinden sich jeweils 1/6 der beobachteten Fälle im Bereich bis zu 16 % bzw. über 84 % eines Mittelwertes und 4/6 im Normalbereich um diesen Mittelwert. Die Abweichung vom Mittelwert wird als Standardabweichung bezeichnet und mit dem griechischen Buchstaben Sigma kenntlich gemacht. Deren Ausprägung hier entspricht nicht ganz der statistisch-mathematischen Definition, korrekter wäre der Begriff „Schwankungsbreite" (vgl. Abbildung 9).

Die Normalverteilung ist eine empirisch ermittelte Kurve mit gleicher Verteilung um einen Mittelwert. Die steht zwar im Widerspruch zu der vorstehend dargestellten „schiefen" Verteilung, jedoch ist die Abweichung daraus vernachlässigbar. Streng statistisch-mathematisch hängen Höhe und Form der Kurve nochmals von bestimmten Bedingungen ab. Im Extremfall kann die Kurve dann sehr flach verlaufen, so dass der Mittelwert zwar immer noch der häufigste der Einzelwerte ist, aber damit keineswegs besonders wahrscheinlich.

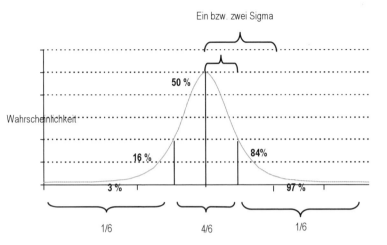

Abbildung 9: Normalverteilung als Basis der PERT

Anwendung der PERT

Aus der hier gewählten Kurve für die Normalverteilung werden in der PERT nun zunächst folgende Werte abgeleitet:

- O = Optimistischer Wert
- W = Wahrscheinlicher Wert
- P = Pessimistischer Wert

Der häufigste Wert wird als der wahrscheinliche bezeichnet. Im ersten Schritt wird jetzt der gemittelte Erwartungswertes ermittelt, und zwar gemäß folgender Formel:

$(O + (4xW) + P) : 6$

Die Zahl 6 im Nenner ist eine Konstante. Die Verteilung von 1 x O plus 4 x W plus 1 x P kann auch geändert werden, z. B. nach ½ x O plus 3 x W plus 2½ x P, um z. B die schiefe Verteilung zu berücksichtigen. Die Summe der Multiplikatoren muss aber immer 6 ergeben.

Im beschriebenen Beispiel der Instandhaltungsarbeiten an technischen Anlagen ergäbe sich beim Einsetzen der Werte aus der Ausgangssituation aufgrund der gleichmäßigen Verteilung von optimistischem und pessimistischem Wert ein geringfügig veränderter Erwartungswert von (5 + 4x10 + 30) : 6 = 12,5 Tagen, anstelle von 13,5 Tagen aus der „schiefen" Verteilung – also eine vernachlässigbare Differenz.

In Schritt 2 ermitteln Sie die Standardabweichung: P minus O und dann dividiert durch 6 = S (Standard-)Abweichung (ein Sigma). Also: 30 – 5 = 25 : 6 = 4,17 Tage.

Von einem Sigma bis Six Sigma

Im dritten Schritt wird ermittelt, welcher Wert mit einer Wahrscheinlichkeit von 97 % nicht überschritten werden wird. Der Grad der Sicherheit (Genauigkeit) unter Annahme der Normalverteilung bei einfachem Einrechnen eines Sigmas beträgt ca. 84 %, bei zweifachem Einrechnen der Standard-Abweichung obiger Grafik ca. 97 %.

Also: E + / - (2 x S) = Bereich der Schätzung mit einer Sicherheit von ca. 97 % . Dem entspricht: 12,5 + 2 x 4,17 = ca. 21 Tage. Oder in Worten ausgedrückt: mit einer Wahrscheinlichkeit von über 95 % werden die Instandhaltungsarbeiten nicht länger als 21 Tage dauern – und damit wird signifikant weniger Zeit einkalkuliert, als wenn der maximale Wert von 30 Tagen verwendet würde. Die restlichen 3 % werden entweder als tolerables Restrisiko akzeptiert, oder es müssen andere organisatorische Maßnahmen ergriffen werden. Die Anwendung von sechs Sigma führt übrigens zu einer Genauigkeit von ca. 99,99999 %.

Für Anwender von MS Project noch der Hinweis, dass der Einsatz der PERT in dieser Form dort auch möglich ist. Dabei kann zusätzlich die Gewichtung der drei Faktoren geändert werden, z. B. so:

1 für den optimistischen Wert

3 für den häufigsten Wert

2 für den pessimistischen Wert

Lediglich die Summe muss die Konstante 6 ergeben.

Und zum Schluss noch eine Ergänzung. Soll mit Hilfe der PERT nicht nur ein einzelner Wert, sondern sollen mehrere Vorgänge auf einem Pfad durch das Projekt berechnet werden, gilt die nachstehende Formel, wobei SA für Standardabweichung (hier im Quadrat) steht und V für den jeweiligen Vorgang auf dem Pfad.

$$\sqrt{SA^2{}_{V1} + SA^2{}_{V2} + SA^2{}_{V3}}$$

Die PERT wird sicher nicht zur Verifizierung eines jeden Vorgangs eingesetzt, lohnt sich aber in 5 bis 10 % der Fälle.

Achtung:
Nutzen Sie die PERT in der hier vorgestellten Form als ein einfach zu handhabendes Verfahren, bei besonders zeitkritischen Vorgängen und Terminen nicht „aus dem Bauch heraus", sondern nachvollziehbar zu entscheiden. Angenehmer Nebeneffekt für den Projektleiter: Die ungeliebte Maßnahme, einzelne Vorgänge zu verlängern, um größere Planungssicherheit zu erzielen, wird besser begründbar und damit leichter durchsetzbar.

Das Entscheidungsbaumverfahren

Maßnahmen gegen Risiken wirken nicht immer so, wie Sie es sich von ihnen versprochen haben. Zwar können Sie zwischen Handlungsalternativen wählen, im Anschluss daran können sich die Dinge aber verschieden entwickeln. Im Folgenden stelle ich Ihnen deshalb eine Arbeitsweise vor, die die Entscheidungsfindung bei unsicheren Wirkungen von Maßnahmen bzw. bei möglichen Wirkungsvarianten berücksichtigt.

Entscheidungen und ihre Folgen

Im so genannten Entscheidungsbaumverfahren wird ein Diagramm angewendet, das Zusammenhänge zwischen Entscheidungen und daraus folgenden Ereignissen in einer Baumstruktur systematisch veranschaulicht. Dieses Diagramm ist ein wichtiges Werkzeug für die Risikoanalyse und Maßnahmenplanung bei zunehmender Komplexität. Es ermöglicht eine Übersicht über alle Maßnahmen und deren nicht sicher vorhersehbare Wirkungen, die wiederum in verschiedenen Kombinationen auftreten können.

Zur Bestimmung möglicher Ergebnisse werden immer Erwartungswerte verwendet. Eine wesentlicher Nutzen des Entscheidungsbaumes ist es, Handlungsalternativen aufzuzeigen und die empfehlenswertesten sichtbar zu machen.

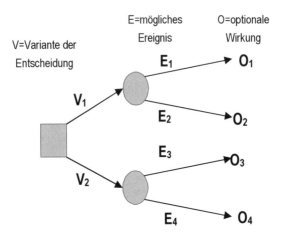

Abbildung 10: Grundaufbau eines Entscheidungsbaums

Dabei gelten folgende Regeln: Entscheidungen werden mit Kästchen (als so genannte Entscheidungsknoten), Ereignisse mit Kreisen und Wirkungen mit Pfeilen dargestellt. Grundlegende Entscheidungen werden links eintragen. Alle möglichen Szenarien werden in von den Ereignissen wegführenden Wegen dargestellt. Allen Wegen werden dabei Wahrscheinlichkeiten zugeordnet und für jedes Szenario wird ein Erwartungswert bestimmt. Anschließend erfolgt die Berechnung von rechts nach links. Dabei werden einfach die Erwartungswerte aller zu einem Entscheidungsknoten führenden Wege ergänzt. Ziel der Berechnung ist es, den vorteilhaftesten Weg – die „Entscheidungskette" – zu bestimmen, gemessen z. B. an den finanziellen Auswirkungen. Abbildung 10 zeigt Ihnen das Grundschema des Entscheidungsbaums.

Das Vorgehen können Sie sich gut anhand eines Beispiels verdeutlichen. Angenommen, Sie arbeiten in einer Projektgruppe eines Unternehmens an der Entwicklung eines neuen Gerätes, das nach der Fertigstellung vom Kunden abgenommen werden muss. Dem Kunden ist sowohl die technische Funktion als auch die Ergonomie wichtig. Letztere könnten Sie vorab testen, wenn Sie einen Prototyp bauen.

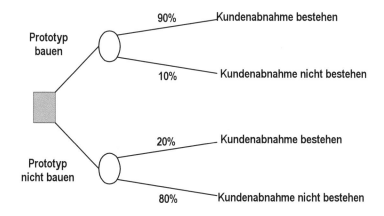

Abbildung 11: Beispiel für die Darstellung von Alternativen und Wahrscheinlichkeiten in einem Entscheidungsbaum

Durch den Bau eines Prototyps steigen also Ihre Chancen auf sofortige Abnahme des Endergebnisses. Kommt es zudem noch zu Änderungswünschen des Kunden, werden auch diese einfacher zu realisieren sein. Andererseits ist der Bau des Prototyps auch mit hohen Kosten verbunden.

Insgesamt ist die Situation wie folgt: Sie haben die Alternativen, einen Prototyp zu bauen, das kostet 98.000 €, oder nicht zu bauen, das kostet 0 €.

Außerdem bestehen folgende Rahmenbedingungen: Die Chance für das Bestehen der Abnahme beträgt 90 % mit Prototyp (d. h. umgekehrt, mit 10% Wahrscheinlichkeit wird dann nicht abgenommen) und 20% ohne Prototyp (d.h., mit 80 % Wahrscheinlichkeit wird nicht abgenommen). Abbildung 11 zeigt diese Situation im Entscheidungsbaum.

Die zusätzlichen Kosten für Nacharbeiten werden nun auf 20.000 € mit Prototyp und auf 250.000 € ohne Prototyp geschätzt. Die Rechnung sieht dann so aus wie in Abbildung 12 dargestellt.

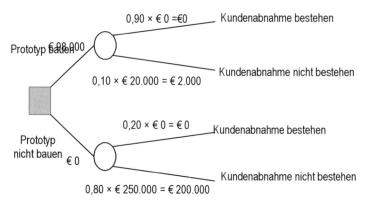

Abbildung 12: Beispiel für die Darstellung von Alternativen, Wahrscheinlichkeiten und Kosten in einem Entscheidungsbaum

Um die günstigste Alternative zu ermitteln, wurden die Wahrscheinlichkeiten in den Ästen des Entscheidungsbaums ergänzt (wobei auch noch weitere Verästelungen möglich wären). Wichtig ist, dass die Wahrscheinlichkeiten der Äste sich nach an jeder Verzweigung zu 100 % addieren.

Begonnen wurde von links nach rechts. Zunächst war zu entscheiden, den Prototyp zu bauen oder nicht. Ob aber anschließend die Kundenabnahme bestanden würde oder nicht, weiß man nicht und kann dafür lediglich Wahrscheinlichkeiten schätzen.

Gemäß den Voraussetzungen endet jeder Ast in einer bestimmten Situation, z. B. wird der Prototyp gebaut und die Kundenabnahme später bestanden oder nicht. Sie können leicht erkennen, dass Sie Wirkungen von Maßnahmen somit wesentlich differenzierter betrachten können. Beispielsweise werden Sie erwarten, dass Sie durch den Bau und die Vorstellung des Prototyps so viele Informationen vorab bekommen, dass Überarbeitungskosten, wenn sie überhaupt anfallen, nur sehr gering ausfallen.

In diesem Beispiel würden Sie aus dem Entscheidungsbaumverfahren die Empfehlung folgern, den Prototyp zu bauen, da aus dieser Variante hinsichtlich der Kosten der geringere Erwartungswert folgt.

Achtung:
Verwenden Sie das Entscheidungsbaumverfahren immer dort, wo sich aus verschiedenen Handlungsalternativen nicht nur eine Folge, sondern zwei oder mehr Folgen ergeben können, die wiederum mit verschiedenen Wahrscheinlichkeiten belegt sind. Auch hier ersetzen Sie das bloße Gefühl für die wahrscheinlich richtige Handlungsweise durch strukturiertes Denken und einen nachvollziehbaren Entscheidungsprozess.

3.3 Die Wirkung von Maßnahmen beobachten und bewerten

Zur Best Practice des Projektmanagements gehört es, der Überwachung und Steuerung eines Projekts besonderes Augenmerk zu schenken. Übertragen auf den Teilaspekt des Risikomanagements bedeutet dies, dass es besonders wichtig ist, die Wirkung von Maßnahmen zu beobachten und zu bewerten. Das erscheint selbstverständlich, wird in der Praxis aber immer noch erstaunlich selten konsequent umgesetzt. Die meisten in der Fachliteratur beschriebenen Verfahren, wie auch viele Anwendungshandbücher von Unternehmen, enden bei dem Hinweis, dass Maßnahmen zu ergreifen sind. Bestenfalls sollen noch Termine und Verantwortliche dafür benannt werden.

Mit den nachfolgend dargestellten, abgestuften Vorgehensweisen können Sie diesem Mangel abhelfen. Abgestuft ist das Vorgehen deshalb, weil ein Projekt je nach Fortschritt und Zuwachs der Erkenntnis sowie nach Größe und Komplexität unterschiedlich detaillierte Analysen und Beschreibungen benötigt. Die Vorgehensweise werde ich wiederum so beschreiben, dass sie den Bearbeitungsschritten der entsprechenden Formblätter auf der CD entspricht.

Die Methoden im Überblick

Handlungsalternativen darstellen

Das so genannte MmC- und das MmR-Verfahren („Maßnahmen möglicher Chancen" und „Maßnahmen möglicher Risiken") dienen zur Darstellung von Handlungsalternativen. Diese werden hier zunächst noch in der Kombination von präventiven und korrektiven Maßnahmen in einem Schritt dargestellt, allerdings verbunden mit der Möglichkeit, Verknüpfungen herzustellen.

Das SMEA-Verfahren („Situations-, Maßnahmen- und Ergebnis-Analyse") ermöglicht es, die Wirkung von Maßnahmen mithilfe eines Vergleichs der Situationen vor und nach den Maßnahmen zu betrachten. Alternativ wird die Situation mit oder ohne Maßnahmen in den Blick genommen. Dieses Verfahren kann ich Ihnen generell als Standard empfehlen.

Im erweiterten SMEA-Verfahren werden die betriebswirtschaftlichen, also auf die Kosten bezogenen, Auswirkungen berücksichtigt. Danach können etwa die nach deutschen oder internationalen Rechnungslegungsvorschriften nötigen Rückstellungen abgeleitet werden. Diese Betrachtungsweise ist anschließend auch auf nicht monetäre Bewertungsfaktoren erweiterbar, und schließlich lassen sich beide Gesichtspunkte, sachliche und finanzielle, miteinander verknüpfen.

> **Achtung:**
> Die Verfahren McM und MmR, SMEA und SMEA erweitert sind teilweise redundant, da sie die Informationen des jeweils vorgenannten beinhalten und diesen weitere hinzufügen. Sie kommen deshalb nicht gleichzeitig, sondern nacheinander und aufeinander aufbauend zum Einsatz.

Ergänzend sind zwei weitere Verfahren sinnvoll, nämlich die „Nutzwert- und Sensitivitäts-Analyse" und das so genannte FMEA-Verfahren („Failure Measurement and Effect Analysis" – „Fehler-Möglichkeits-, und Einfluss-Analyse"). Die Nutzwert- und Sensitivitäts-Analyse beantwortet die Frage nach Effektivität und Effizienz von Maßnahmen und dafür eingesetzten Mitteln. So kann es z. B. sinnvoll sein, begrenzte Mittel nicht ausschließlich für eine große, sondern stattdessen für mehrere kleine Maßnahmen einzusetzen.

Das FMEA-Verfahren schließlich – eine vorgehenstechnische Anleihe aus der Qualitätssicherung – führt zusätzlich zu den Fragen nach Tragweite und Wahrscheinlichkeit als Maßgrößen für das Potenzial eines Risikos eine dritte Größe ein, nämlich die Zeitdauer bis zu seiner Entdeckung.

Sämtliche Methoden werden nachstehend vor allem bezüglich des Managements von Risiken erläutert, ebenso sind sie aber für Chancen einsetzbar. Die Verfahren können dem Projekt- bzw. Planungsfortschritt entsprechend in der hier vorgestellten Reihenfolge auch stufenweise zum Einsatz kommen.

Selbstverständlich können alle hier beschriebenen Verfahren der Entscheidung über Maßnahmen unter Abwägen von deren Nutzen und Kosten nur für solche Risiken gelten, bei denen nicht unmittelbar Menschen in Gefahr sind oder existenzgefährdende Schäden drohen.

Achtung:
Führen Sie am besten zunächst eine A-B-C-Klassifizierung Ihrer Projekte durch (wie in der Einleitung beschrieben) und setzen Sie die Verfahren zur Maßnahmenbewertung dann entsprechend abgestuft ein. Die Regel könnte dabei z. B. so lauten, dass A-Projekte immer unter Einsatz des erweiterten SMEA-Verfahrens zu beurteilen sind, während das SMEA-Verfahren in seiner einfachen Form bei B-Projekten genügt.

Das MmC- und das MmR-Verfahren

Das MmC- und das MmR-Verfahren sind relativ einfacher Natur und zielen auf die Formulierung von möglichen Maßnahmen. Dass ich Ihnen diese Verfahren hier vorstelle, hat zwei Gründe: Einmal sind sie weit verbreitet, weil sie einen leichten Einstieg in die differenzierte Betrachtung einzelner Chancen und Risiken im Projekt ermöglichen.

Zum Zweiten gestattet diese Methodik die kombinierte Darstellung von Maßnahmen, so dass deren Zusammenwirken und Wechselbeziehungen erkennbar werden. Maßnahmen wirken eben nur selten isoliert, sondern können einander positiv verstärken oder auch negativ beeinträchtigen. Im Extremfall kann eine Maßnahme die Wirksamkeit einer anderen sogar ganz verhindern.

Beispiel:

In einem komplexen Projekt soll ein dafür fachlich besonders qualifizierter Projektleiter eingesetzt werden, dessen gesundheitliche Probleme – bereits zwei Herzinfarkte – allerdings bekannt sind. Im Projekt sind dann zumindest phasenweise „claimrelevante" Situationen zu erwarten, die trotz guter Vorbereitung Hektik und Stress verursachen werden.

Als Risiko werden also die Möglichkeit eines krankheitsbedingten längeren Ausfalls des Projektleiters und damit der Verlust des im Projektverlauf erworbenen Wissens erkannt. Die Wahrscheinlichkeit dafür muss als „mittel" bewertet werden, die Tragweite als „hoch".

Als Maßnahmen werden vorgesehen:

- Einsatz eines stellvertretenden Projektleiters, der das Projekt begleitet. (Das wirkt gegen die Wahrscheinlichkeit des personenbezogenen Wissensverlustes.)

- Akribische Dokumentation (wirkt gegen die Tragweite, da andere Personen das zunächst ausfallbedingt verlorene Wissen nachvollziehen können)

Beide Maßnahmen können sich ergänzen, z. B. wenn der Stellvertreter auch mit der Dokumentation beauftragt wird, sich also ebenso gut in den Projektverhältnissen auskennt und gleichzeitig den Projektleiter entlastet.

Beide Maßnahmen können aber, wenn sie schlecht organisiert und abgestimmt sind, durchaus auch kontraproduktiv wirken. Dazu käme es z. B., wenn die zusätzlichen Dokumentationsarbeiten den Projektleiter gesundheitlich noch mehr belasten. Dann würde er womöglich die laufende Information und die Einbindung seines Stellvertreters vernachlässigen und selbst noch mehr unter Druck geraten.

Für das MmC-Verfahren (Maßnahmen möglicher Chancen) betrachten Sie nun am besten Formblatt 2, das Sie sich von der CD ausgedruckt haben. Die Felder bzw. Spalten des Formblatts entsprechen genau der Vorgehensweise des Verfahrens.

Formblatt 2

Sie beginnen mit dem Planungspunkt „Arbeitspaket, Situation, Person, Sonstiges" (Spalte 1 in Formblatt 2). Hier wird zunächst derjenige benannt, zu dem die Chance in Bezug gebracht wird. Da Chancen als mögliche positive Abweichungen definiert sind, wird hier die Frage beantwortet, gegenüber welchem geplanten Umstand die Abweichung positiv sein würde.

Beim „Arbeitspaket" kann z. B. dessen Aufwand oder, als Vorgang definiert, dessen Dauer verbessert werden. Denkbar ist vielleicht auch eine Verbesserung der Qualität. Diese Ausgangsgrößen werden in der Termin- und Kostenplanung beschrieben, die wiederum die Grundlage bei der Suche nach möglichen Chancen bildet.

Als „Situation" können mögliche weitere Umstände der Planung benannt werden. Aus der „Person" (die für die Bearbeitung vorgesehen oder mit der Situation anderweitig verbunden ist) können zeitliche, qualitative oder andere Vorteile erwachsen.

Im nächsten Schritt beschreiben Sie die Situation und möglich Folgen qualitativ und quantitativ (Spalte 2 des Formblatts). Hier wird jetzt die eigentliche Chance ausformuliert. Die qualifizierte Beschreibung, also die verbale Schilderung des Umstandes, wird möglichst durch quantifizierte Aussagen ergänzt. Sie begnügen sich also bspw. nicht mit der Aussage, dass mit Eintreten der Chance ein Vorgang beschleunigt und verbilligt wird, sondern schätzen „Beschleunigt um ... Tage" und „verbilligt um ... €".

Jetzt geht es um Tragweite und Wahrscheinlichkeit. Für „T" = Tragweite und „W" = Wahrscheinlichkeit (Spalten 3, 4, 5: T / W / P des Formblatts) werden Bewertungen wie in Kapitel 2 beschrieben abgegeben, z. B. SH = sehr hoch = 5 Pkt, M = mittel = 3 Pkt., SG = sehr gering = 1 Pkt. Die Spalte „P" = Priorität gibt dann der Priorität bei dieser Chance im Vergleich zu den anderen des Projekts Ausdruck.

Nun zu den möglichen Ursachen (Spalte 6 des Formblatts). Die Identifikation, Nennung und Analyse der Ursachen ist die Grundlage für die Festlegung von Maßnahmen, siehe dazu auch die Ausführungen in Kapitel 2.

Dann werden zunächst Maßnahmen beschrieben, die helfen sollen, die positive Veränderung eintreten zu lassen (Spalte 7). Berücksichtigen sollten Sie dabei immer auch die erwartete Wirkung und die damit verbundenen Kosten und Aufwendungen. In einem gleich anschließenden Schritt betrachten Sie Maßnahmen zur Verstärkung positiver Folgen (Spalte 8). Denken Sie auch hier an die erwartete Wirkung und die damit verbundenen Kosten und versuchen Sie, Wechselbeziehungen zu anderen Chancen zu berücksichtigen.

Formblatt 3

Beim MmR-Verfahren (Maßnahmen möglicher Risiken) gehen Sie nun analog zum MmC-Verfahren vor. Betrachten Sie Formblatt 3 von der CD und Sie werden die Parallelen sofort erkennen. Für die Spalten 1-6 des Formblatts gelten die Erläuterungen des MmC-Verfahrens.

Als (präventive) Maßnahmen zur Vermeidung negativer Folgen (Spalte 7) beschreiben Sie solche, die verhindern sollen, dass eine negative Veränderung eintreten kann. Es werden die von den Maßnahmen erwartete Wirkung und die mit ihnen verbundenen Kosten und Aufwendungen genannt. Da mit den Maßnahmen die Wahrscheinlichkeit des Eintretens des Risikos und damit des Schadens verringert werden soll, fallen sie in die Kategorie „schadensverhindernd" bzw. „präventiv".

Schließlich werden als (korrektive) Maßnahmen zur Begrenzung negativer Folgen (Spalte 8) solche beschrieben, die bei Eintreten des Risikos die erwartete negative Veränderung abmildern sollen. Sie berücksichtigen hier die von den Maßnahmen erwartete Wirkung und die mit ihnen verbundenen Kosten. Da mit den Maßnahmen die negative Wirkung bei Eintreten des Risikos verringert werden soll, fallen sie in die Kategorie „schadensvermindernd" bzw. „korrektiv".

Das SMEA-Verfahren

Das SMEA-Verfahren erlaubt eine noch genauere Planung. Hier betrachten Sie Maßnahmen im Zusammenhang mit deren Wirkungen. Da dazu die Situation (das mögliche Risiko), die Maßnahme und ihr Ergebnis (die Wirkung) analysiert werden, wurde das Verfahren „Situations-, Maßnahmen- und Ergebnis-Analyse" genannt.

Für mittelgroße und komplexere Projekte (B- und kleine A-Projekte) ist das SMEA-Verfahren eine besonders geeignete Vorgehensweise. Das bedeutet, dass der Aufwand für die Analyse und Bewertung auf der einen Seite und die Anforderungen an die Qualität der Informationen und Handlungsanleitungen auf der anderen Seite in einem ausgewogenen Verhältnis zueinander stehen.

Die Methodik des SMEA-Verfahrens entspricht auch dem der Software RMS, die Sie auf der CD zu diesem Buch finden. Dort lassen sich die Berechnungen automatisieren und es sind verschiedene, vor allem auch grafische Auswertungen möglich.

Als Instrument des Risiko- und Maßnahmenmanagements eröffnet das SMEA-Verfahren die Möglichkeit, Risiken zu priosieren und die geplanten Abwehrmaßnahmen bezüglich ihrer Effektivität und Effizienz zu beurteilen. Das Verfahren lässt sich gleichermaßen für die Bearbeitung von Chancen wie von Risiken verwenden. Nachstehend könnten Sie also problemlos das Wort „Risiko" durch „Chance" ersetzen.

Bei der Beschreibung der Risiken ist zu beachten, dass sich Risiken in verschiedenen Eskalationsstufen unterschiedlich entwickeln können. So kann z. B. eine Genehmigung eine Woche verspätet, zwei Monate verspätet oder gar nicht erteilt werden. Dabei schließen die höheren Eskalationsstufen die unteren jeweils mit ein. Das Gesamtrisiko darf bei dieser Betrachtung dadurch aber nicht übermäßig steigen. Außerdem ist i. d. R. in den steigenden Eskalationsstufen eine gegenläufige Entwicklung von Tragweite und Wahrscheinlichkeit zu beobachten. Die Tragweite nimmt zu, die Wahrscheinlichkeit dagegen ab.

In der SMEA können sowohl Maßnahmen zur Risikovermeidung als auch zur Risikoverminderung eingearbeitet und betrachtet werden. Dabei empfehle ich Ihnen, bei wirklich verschiedenen Maßnahmen in Ihrem Formblatt zwei Zeilen zu verwenden. Anders bei Maßnahmen, die sich tatsächlich gegen beide Faktoren gleichzeitig richten und dann in einer Tabellenzeile berücksichtigt werden können.

Bei den Maßnahmen wird davon ausgegangen, dass sie wie vorgesehen wirken. Dort, wo Zweifel an der vollen Wirkung bestehen, ist nur die wahrscheinlich zu erwartende Teilwirkung anzusetzen.

Die Möglichkeit, dass sich im Anschluss an eine (gezielt ausgewählte) Maßnahme wieder unterschiedliche Folgen ergeben, wird in diesem Verfahren nicht berücksichtigt. Dazu können Sie aber das Entscheidungsbaum-Verfahren heranziehen.

Formblatt 4

Nehmen Sie nun am besten Formblatt 4 zur Hand, das Sie von der CD aufgerufen und ausgedruckt haben. Anhand der einzelnen Spalten des „SMEA"-Formblatts (der Tabelle) werde ich im Folgenden die Vorgehensweise erläutern. Zur Dokumentation der einzelnen Schritte und der Ergebnisse der „SMEA" stehen Ihnen dann Formblatt 5 und Formblatt 6 zur Verfügung. Es handelt sich dabei um ein „Chancen-" bzw. ein „Risiko-Detailblatt", das Sie gemeinsam mit der „SMEA-Tabelle" verwenden.

Arbeiten mit der SMEA-Tabelle

Die Tabelle (Formblatt 4) bildet das Kernstück des Verfahrens ab. Zunächst legt sie eine Nummerierung von Risiken zugrunde. Die Risiko-Nummer (Spalte 1 in Formblatt 4) kann sowohl ordnende als auch klassifizierende Funktion haben. Sie ermöglicht z. B., die Verbindung zu den entsprechenden Detailblättern herzustellen, wenn diese für genauere Beschreibungen verwendet werden. Das kann auch dort notwendig sein, wo es gilt, auf Abhängigkeiten oder andere Kausalitäten zwischen einzelnen Risiken hinzuweisen. Ebenso kann mit der Risiko-Nummer eine Klassifizierung verbunden werden. So kann ein Hauptrisiko – z. B. eine wichtige Genehmigung, die nicht wie geplant erteilt werden könnte – je nach Eskalationsstufe mit einer Haupt- und verschiedenen Unternummern versehen werden.

Als nächstes betrachten Sie die Auswirkungen (Spalte 2 des Formblatts). Hier sollte sowohl eine qualifizierte (in Worten) wie eine quantifizierte (mit messbaren Größen versehene) Beschreibung des Risikos und seiner Auswirkungen erfolgen. Die Quantifizierung kann sowohl in finanziellen Werten (z. B. Angabe der möglichen Schadenshöhe in Euro/US-Dollar) als auch in nichtfinanziellen Werten (z. B. „Termin verschiebt sich um 2 Wochen", „Ausfallrate steigt 20 % über Toleranz" usw.) erfolgen. Beschreiben Sie dabei sowohl die Ursache für eine künftige, mögliche und dann gegenüber der Planung nachteilige Situation als auch die Situation selbst.

Die Beschreibung eines Risikos führt Sie hier häufig an die Anfänge und Ziele des Projekts zurück. Denn die Frage „Wo könnte eine negative Abweichung entstehen?" ist natürlich abhängig von der Antwort auf die Frage „Was war ursprünglich eigentlich gewollt?". Ist eine Terminverzögerung an sich ein Nachteil (z. B. weil man in einem Musterprojekt auch die besondere Leistungsfähigkeit nachweisen wollte) oder entsteht der Nachteil erst durch die daraus folgende Vertragsstrafe?

Wenn Sie Tragweiten bestimmen wollen (Spalte 3 in Formblatt 4), dann haben Sie dazu allgemein zwei Möglichkeiten: Entweder wird als Tragweite nur der finanziell messbare Schaden in die Beurteilung einbezogen, oder der Begriff der Tragweite wird weiter gefasst und beinhaltet neben den finanziellen auch noch andere, nicht in Geld zu bewertende mögliche Nachteile.

Die erstgenannte Variante ermöglicht Ihnen auch eine betriebswirtschaftliche und projektübergreifende Betrachtung. In Geld ausgedrückte und eventuell über die Wahrscheinlichkeit gewichtete Risiken lassen Wirtschaftlichkeitsrechnungen bezüglich des Einsatzes finanzieller Mittel für einzelne Maßnahmen zu. Außerdem lassen sie sich addieren, um für ein Projekt oder eine Mehrzahl von Projekten Rückstellungen zu bilden.

Bei der zweiten Variante wird der mögliche finanzielle Schaden als Untermenge der Tragweite angesehen, die zwar sehr wichtig ist, aber noch durch weiterführende Betrachtungen ergänzt werden kann. So sind z. B. ein verärgerter Kunde oder ein demotiviertes Projektteam Risiken, die Sie möglichst vermeiden wollen und die durchaus ernst zu nehmen und somit auch gegeneinander abzuwägen sind. Beispielsweise wird ein finanzieller Schaden von 10.000 €, der lediglich in einem Mehraufwand besteht, von geringerer Bedeutung sein als ein anderer Schaden, der sich ebenfalls mit 10.000 € beziffern lässt und zusätzlich noch von einem großen Imageverlust begleitet ist.

Formblatt 4 können Sie für beide Varianten verwenden. Für die erste Variante können Sie eine feste Relation zwischen finanziellen Werten und daraus folgenden Punkten festlegen. Diese könnte dann z.B. so aussehen:

- 2.000 € bis 10.000 € => 3 Punkte
- 10.000 € bis 30.000 € => 5 Punkte
- über 30.000 € => 7Punkte

Bei höheren Summen können Sie dann einfach die Punktzahl weiter erhöhen. Zu den Grundlagen der Bewertung sei auf Kapitel 2 zurückverwiesen. Die absoluten Werte und die Zuordnungen von Punkten müssen Sie ohnehin bei jedem Verfahren anpassen. Denn die Verfahren dienen dem Einsatz bei Projekten verschiedener Größenordnung, und so kann ein Risiko von 30.000 € bei einem kleineren B-Projekt von relativ hoher, bei einem großen A-Projekt von eher geringer Bedeutung sein.

Die zweite Variante kann ebenso berücksichtigt werden, nämlich indem die Vergabe der Punkte sowohl die finanziellen als auch die sonstigen Kriterien berücksichtigt. Die aufgrund der finanziellen Einstufung erreichten Punktzahlen können z. B. durch Extrapunkte für materiell nicht messbare negative Faktoren ergänzt werden. So kann dann letztlich auch ein Risiko mit einem finanziellen Schaden von z.B. 5.000 €, aber erheblicher negativer Öffentlichkeitswirkung, höher eingestuft werden, als eines, das ausschließlich mit einem finanziellen Aufwand von z. B. 15.000 € verbunden ist. Die nach

Bedeutung und Tragweite (Kritizität) zusätzlich zu vergebenden Punkte könnten dann etwa folgender Skala entsprechen:

- außerordentlich hoch: 10 Punkte
- sehr hoch: 8 Punkte
- geringe Bedeutung: 2 Punkte
- fast bedeutungslos: 1 Punkt

Abschließend sei noch angemerkt, dass bei der Bewertung der Tragweiten der einzelnen Risiken innerhalb eines Projekts auch deren Relation untereinander eine Rolle spielt.

Schwieriger als die Bestimmung von Tragweiten ist meist die Ermittlung von Wahrscheinlichkeiten (Spalte 4 des Formblatts). Um ebenso sinnlosen wie langwierigen Diskussionen innerhalb Ihres Projektteams vorzubeugen, können Sie für die Wahrscheinlichkeit, dass ein Risiko eintritt, ein vereinfachendes Schema wie das folgende zur Klassifizierung vorschlagen:

- fast sicher: 9 Punkte
- wahrscheinlich: 7 Punkte
- durchaus möglich: 5 Punkte
- gering, aber möglich: 3 Punkte
- sehr unwahrscheinlich: 1 Punkte

Im Allgemeinen sollten Sie nur solche Risiken näher betrachten, die innerhalb einer Bandbreite von unter 90 % (9 Punkte) und über 10 % (1 Punkt) liegen.

Risiken mit 90 %-iger oder höherer Wahrscheinlichkeit sollten nicht mehr als Risiken gelten, sondern als Fakten. Denn die gesamte Projektplanung kann selten mit größerer Durchschnittsgenauigkeit als 90 % erfolgen. Risiken mit einer Wahrscheinlichkeit von unter 10 % (1 Punkt) können einfach unberücksichtigt bleiben, es sei denn, sie sind bei der Tragweite mit mindestens 7 Punkten bewertet worden.

Im nächsten Schritt betrachten Sie das Risikopotenzial und entsprechend die Priorität der Maßnahmen (Spalte 5 des Formblatts). Hierbei wird das Risikopotenzial in der Regel als Produkt von Tragweite und Wahrscheinlichkeit errechnet (im Formblatt Spalte 3 multipliziert mit Spalte 4). Beide Faktoren gehen dann also gleichberechtigt in diese Bewertung ein. Im Einzelfall ist aber auch die höhere Gewichtung eines Faktors denkbar. Die so ermittelte Zahl wird dann als Ausdruck für das Potenzial des Risikos angesehen, und zwar zunächst einmal absolut und dann auch als Prioritätskennzahl gegenüber den anderen Risiken im Projekt.

Ein zweiter Wert neben dem Potenzial ist für die Priorität des Risikos im Vergleich zu den anderen Risiken des Projekts anzugeben. Er kann z. B. nach den Werten des Potenzials in absteigender Reihenfolge vergeben werden. Ebenso ist es denkbar, Kategorien zu bilden, in die Risiken bestimmter Ausprägung fallen. So könnten etwa Risiken mit hoher Wahrscheinlichkeit und hoher Tragweite in die Kategorie 1 der Prioritäten fallen, Risiken, bei denen eine der beiden Ausprägungen hoch, die andere mittel ist, in die Kategorie 2 usw.

Im nächsten Schritt analysieren Sie die Maßnahmen (Spalte 6 des Formblatts). In den Feldern der entsprechenden Spalte des Formblatts beschreiben Sie die möglichen Maßnahmen in Worten. Dabei sind prinzipiell präventive, also schadensverhindernde, und korrektive, also schadensmindernde Maßnahmen zu unterscheiden. Erstere haben in der Regel Einfluss auf die Eintrittswahrscheinlichkeit eines Risikos, die zweitgenannten auf die Tragweite bei seinem Eintreten. Kombinationen zwischen beiden Wirkungen sind dabei möglich.

Die Formulierung der Maßnahme sollte möglichst Bezug nehmen auf die Ursachen (im Formblatt Spalte 2). Wünschenswert ist auch die Beschreibung von erwarteten Wirkungen, sowohl qualitativ als möglichst auch quantitativ. Wo Sie eventuell Zweifel an der Wirksamkeit einer Maßnahme haben, sollten Sie dies mit einem entsprechenden Hinweis berücksichtigen. Einzugehen ist ebenfalls auf Faktoren wie ein bestehendes oder neues Restrisiko als Begründung für die restliche Tragweite.

Diese restliche Tragweite (Spalte 7) ist die Tragweite nach der Wirkung der Maßnahme. Hier wird die Situation gegenüber der ersten Beschreibung (Spalte 2 des Formblatts) noch einmal neu bewertet.

Die neue Bewertung ergibt sich nunmehr aus der neuen Situation. Dabei sind prinzipiell die gleichen Betrachtungen anzustellen und Kriterien zu verwenden wie zuvor.

Ähnlich verhält es sich mit der nochmaligen Bewertung der Situation bzgl. der Wahrscheinlichkeit nach der Maßnahme (Spalte 8). Ausgangspunkt ist auch hier die erste Beschreibung (Spalte 4), die nun noch einmal bewertet wird.

Als nächstes betrachten Sie die Änderung des Potenzials (Spalte 9, oben). Hier wird das Risikopotenzial nach den gleichen Regeln wie zuvor (Spalte 5), also in der Regel als Produkt aus Tragweite und Wahrscheinlichkeit dargestellt (Spalte 7 multipliziert mit Spalte 8). Der so ermittelte Wert zeigt dann das Risikopotenzial nach der Maßnahme an.

Dann ermitteln Sie noch die Differenz aus dem Risikopotenzial vor Maßnahmen (Potenzialzahl aus Spalte 9 oben minus zweiter Potenzialzahl). Dieser Wert gibt den (erwarteten) Rückgang des Risikopotenzials aufgrund der Maßnahme an, also deren Effektivität. Sofern andere Maßzahlen verwendet wurden, z. B. die Einordnung in Risikoklassen, wird entsprechend die Veränderung angezeigt. Ein Risiko der ursprünglichen Klasse 1 kann so nach der Maßnahme nur noch in die Klasse 3 einzuordnen sein.

Nun beziffern Sie nochmals die Kosten (in €) und den Aufwand (in Stunden), die für die Maßnahme notwendig werden (Spalte 10). Diese Positionen werden auch in Relation zum Effekt gemäß Spalte 9 gesetzt, um so einen Eindruck von der Effizienz der Maßnahme zu gewinnen. Sie erreichen das bspw. indem Sie die Frage „Wie viel Aufwand ist nötig, um einen Risikopunkt zu beseitigen?" beantworten und zeigen, wo knappe Mittel eingesetzt werden sollten.

Zum Schluss betrachten Sie noch Termine, Verantwortliche und ähnliche Faktoren, wie z. B. Abhängigkeiten, Auslöser usw. (Spalte 11).

Wenn Sie allen diesen Schritten gefolgt sind, haben Sie schon einmal eine komplette Übersicht, die Sie nun noch um einige detaillierte Angaben ergänzen können. Dazu dienen die Detailblätter, die Raum für weitere Informationen bieten. Sie finden diese auf der CD als Formblatt 5 und Formblatt 6.

Die SMEA-Detailblätter ergänzend einsetzen

Formblatt 5

Im SMEA-Risikomanagement-Detailblatt (Formblatt 5) können Sie zunächst die „Projekt-Kategorie" festlegen, indem Sie eine Kategorisierung in A-, B- oder C-Projekte vornehmen. Unter „Status" bestimmen Sie dann, ob das Risiko neu (N), geändert (G), bestehend (B) oder abgeschlossen (A) ist. Mit der Nummer der Chance oder des Risikos können Sie auf mögliche Zusammenhänge mit anderen Risiken verweisen.

Die finanziell gewichtete Tragweite ist nun das Produkt aus der finanziellen Tragweite bei Eintreten (also bei 100 %) und der Wahrscheinlichkeit. Beim einzelnen Risiko ist dies ein nur hypothetischer Wert, da das Risiko in der Regel entweder eintritt oder nicht, aber kaum mit der errechneten gewichteten Tragweite eintritt. Sinnvoll wird dieser Wert erst dann, wenn Sie ihn für alle zu berücksichtigenden Risiken, z. B. zur Bildung von Rückstellungen, heranziehen.

Nach der Maßnahme kann eine Rest-Tragweite existieren bzw. kann durch die geänderte Situation eine neue Tragweite eintreten So schließt z. B. der Abschluss einer Versicherung den Totalverlust aus, dafür muss aber im Schadensfall eine Selbstbeteiligung bezahlt werden.

Rest- bzw. Neu-Wahrscheinlichkeit bestimmen Sie analog zur Rest- bzw. Neu-Tragweite. Der gesamte finanzielle Nutzen einer Maßnahme ergibt sich aus der Situation vor der Maßnahme minus der Situation nach der Maßnahme abzüglich der für die Maßnahme notwendigen Kosten. Im Detailblatt können Sie dazu ebenfalls Angaben machen. Die übrigen Felder des Formblatts sollten selbsterklärend sein.

Formblatt 6

Das SMEA-Chancenmanagement-Detailblatt (Formblatt 6) ist analog dem für Risiken aufgebaut. Lediglich die Berechnung im letzten Feld (finanzielle Differenz vor und nach der Maßnahme) unterscheidet sich, da als Situation nach der Maßnahme die Situation vor der Maßnahme zuzüglich deren Kosten betrachtet wird.

Die praktische Arbeit mit der Tabelle (Formblatt 4) und den Detailblättern (Formblätter 5 und 6) kann folgendermaßen ablaufen: In einer ersten Tabelle stellen Sie alle Risiken zusammengefasst dar und unterziehen Sie nach Tragweite und Wahrscheinlichkeit in den Spalten der Felder 3 und 4 einer ersten Bewertung nach der Skalierung „hoch", „mittel" oder „gering".

Im nächsten Schritt legen Sie Risiko-Deckblätter für die relevanten Risiken an. Dabei berücksichtigen Sie dann nur noch die Risiken, die Sie vorher mindestens einmal mit „hoch" oder zweimal mit „mittel" bewertet haben. Auch sollten Sie berücksichtigen, dass Risiken unterschiedliche Ausprägungen, z. B. als „Normalfall" oder als „pessimistischer Fall" haben können, wobei sich Tragweite und Wahrscheinlichkeit häufig umgekehrt proportional zueinander verhalten. In diesem Fall wird das Risiko zweimal aufgenommen. In der finanziellen Gesamtbewertung ist allerdings zu beachten, dass diese beiden Alternativen einander ausschließen.

Wenn bspw. ein Risiko in seiner schweren Form eintritt, etwa beim Autofahren ein Auffahrunfall mit 80 km/h, so schließt dieses Risiko das geringere mit ein, also etwa die Folgen eines solchen Unfalls mit 40 km/h. Anders betrachtet bedeutet das aber auch: Wenn der Unfall einmal eingetreten ist und sich mit 40 km/h ereignet hat, dann kann er sich nicht mehr mit 80 km/h ereignen.

In der Summenzeile der Tabelle (Formblatt 4) sind deshalb gleichbedingte Risiken, die mehrfach angeführt werden – z. B. aus einer normalen und einer pessimistischen Betrachtung –, nicht doppelt zu rechnen. Hier ist entweder die Berücksichtigung des wahrscheinlich normalen Falls möglich, oder eine unterschiedliche Gewichtung, indem Sie z. B. den normalen Fall mit 80 % und den pessimistischen Fall mit 20 % werten.

Die Tabelle und die Detailblätter für ausgewählte Risiken – und analog Chancen – bilden dann zusammen die Grundlage der weiteren Planung und Realisierung von Maßnahmen.

Das erweiterte SMEA-Verfahren

Mit dem erweiterten SMEA-Verfahren können Sie betriebswirtschaftliche Faktoren in das Risikomanagement einbeziehen. Dazu ist anzumerken, dass im Risikomanagement, speziell in der Risikobewertung, zwei gleichberechtigte, aber im Detail unterschiedliche Sichtweisen bestehen. Daraus folgen verschiedene Anforderungen an die Aussagen, die einzelne Verfahren ermöglichen sollen.

Erstens gibt es die auf das einzelne Projekt bezogene, projektmanagementorientierte Sicht, die eine Bewertung einzelner Risiken und der entsprechenden Maßnahmen zu deren Minderung oder Vermeidung zum Gegenstand hat. Die Bewertung der mit diesen Risiken verbundenen Tragweite erfolgt dann, wie bereits beschrieben, teilweise unabhängig von unmittelbar messbaren finanziellen Schäden.

Zweitens gibt es die kaufmännisch-buchhalterische Sicht, in der es notwendig sein kann, Betrachtungen über Risiken anzustellen, mit dem Ziel, ausreichende Rückstellungen zu bilden. Aus dieser Sicht ergibt sich auch die Berichterstattung nach den Vorschriften des HGB, des KonTraG oder den US-GAAP, die finanzielle Bewertungen und statistikorientierte Betrachtungen von Risiken erfordern. (Siehe dazu auch Kapitel 4.)

„Statistisch" bedeutet hier, dass es für ein einzelnes Risiko mit einer bestimmten Wahrscheinlichkeit eventuell nur die Alternative „tritt ein" oder „tritt nicht ein" gibt, ein anteiliges Eintreten in Höhe einer geschätzten Wahrscheinlichkeit jedoch ausgeschlossen ist. Entsprechend ist eine Bewertung, die mittels der Tragweite in Geld multipliziert mit der Wahrscheinlichkeit einen Betrag für die Risikobewertung errechnet, für das einzelne Risiko oder das gesamte Projekt zwar unter Umständen wenig sinnvoll, wohl aber als statistische Größe über alle Projekte, für die Rückstellungen zu bilden sind.

Im erweiterten SMEA-Verfahren sind beide Betrachtungen, also sowohl die der einzelnen Situation als auch die übergreifende, berücksichtigt und damit Aussagen in beiden Richtungen möglich.

Nehmen Sie nun einmal Formblatt 7 – die Tabelle für das erweiterte SMEA-Verfahren – und Formblatt 8 – das dazugehörige Detailblatt – zur Hand. Beides finden Sie wieder auf der CD zum Ausdrucken. Die beiden Formblätter bilden das erweiterte SMEA-Verfahren exakt ab. Es wird deshalb im Folgenden anhand der Felder und Spalten beschrieben, was es Ihnen ermöglicht, direkt in die praktische Arbeit einzusteigen.

Formblätter 7 und 8

Einige Zeilen der Übersichtstabelle reichen auch hier manchmal nicht aus, um Risiken und mit ihnen zusammenhängende Faktoren ausreichend zu beschreiben. Wie schon bei der einfachen SMEA-Tabelle können Sie dieses Problem dadurch lösen, dass Sie für jedes erhebliche, ausführlich zu beschreibende Risiko ein einzelnes Detailblatt anlegen und dann die Inhalte sämtlicher Detailblätter zusammengefasst in den Spalten einer Risiko-Sammeltabelle als Risikoübersicht aufzeigen.

Die Besonderheiten der erweiterten SMEA-Tabelle

Prinzipiell entspricht die erweiterte SMEA-Tabelle der im vorstehenden Abschnitt beschriebenen einfachen. Nachstehend werde ich deshalb in erster Linie auf die eigentlichen Erweiterungen eingehen und dabei spaltenweise vorgehen. Die Hinweise gelten für die entsprechenden Felder des Detailblatts analog. Beginnen Sie mit der Situation vor Maßnahmen.

1. Nummer (Nr.): Tragen Sie die laufende Nr. in der Tabelle zur Kennzeichnung des einzelnen Risikos ein.

2. Risikobeschreibung (Stichwort Risikobeschreibung): In der Tabelle (Risiko-Übersicht) reichen Stichwörter. In der Langfassung auf dem einzelnen Risiko-Deckblatt wird die Beschreibung um folgende Punkte ergänzt (verbal):

- Ausprägung des Risikos
- Ursache
- Auswirkung

Dabei ist auch bei Verwendung des Formblatts wieder eine möglichst präzise Beschreibung vorzunehmen und eine genaue Unterscheidung zwischen den einzelnen Aussagen zu treffen. Die Suche nach und die Bewertung von Maßnahmen fällt Ihnen dann wesentlich leichter. Im Detailblatt ist zusätzlich der Verweis auf den Zusammenhang bzw. die Korrespondenz zu einem weiteren Risiko vorgesehen. Dies kann das gleiche Risiko, aber z. B. in normaler und pessimistischer Betrachtungsweise sein. Ebenso ist ein Querverweis auf ein Risiko möglich, das sich zusammen mit dem genannten verstärkt oder auch ausschließt.

3. Auswirkung finanziell (Tf t €/$): Hier ist die finanzielle Auswirkung bei Eintreten des Risikos gemeint.

4. Wahrscheinlichkeit (W): Die Bewertung des Faktors „Wahrscheinlichkeit" wird wieder mit 1-9 Punkten vorgenommen. Als Anhaltspunkt für die Bemessung der Wahrscheinlichkeiten können folgende Werte dienen:

- 90 % = sehr hoch
- 70 % = eher hoch bis hoch
- 50 % = mittel
- 30 % = eher gering
- 10 % = sehr gering

Der Einfachheit halber sollten ein Punkt für 10 %, zwei Punkte für 20 % stehen usw.

5. Tragweite finanziell (Tf gew. t €/$): Hier tragen Sie die Tragweite der finanziellen Auswirkung (Spalte 3) in – mit der Wahrscheinlichkeit gewichteten – tausend €- oder US-$-Beträgen ein. Ermittelt wird dieser Wert als Produkt von Feld 3 mal Feld 4 dividiert durch zehn. Der Wert wird später in der weiteren Bearbeitung für die buchhalterische Risikobetrachtung zur Bildung von Rückstellungen u. ä. herangezogen.

6. Tragweite (T): Die Tragweite wird mit 1-9 Punkten bewertet. Sie ergibt sich zunächst aus Feld 5, kann je nach Einschätzung aber darüber hinaus noch größer eingeschätzt werden. Für die detailliertere Bewertung in der Tabelle bietet sich für den Faktor „Tragweite" in seiner finanziellen Ausprägung die in Tabelle 12 dargestellte Punkte-Skalierung von 1 bis 9 an.

Finanzielles Risiko zu Projektvolumen	Finanzielles Risiko absolut	Punkte
über 1,0 %	über 200 t€	9
bis 1,0 %	bis 200 t€	7-8
bis 0,5 %	bis 100 t€	4-6
bis 0,2 %	bis 30 t€	1-3

Tabelle 12: Mögliche Punkte-Skalierung für die Tragweite von Risiken im erweiterten SMEA-Verfahren

Diese Verteilung kann übrigens auch umgekehrt verwendet werden, wenn mit einer einfacheren Gewichtung, wie etwa „hoch-mittel-gering", gearbeitet werden soll. Als Anhaltspunkt für die Bemessung der Tragweite kann dann gelten, dass z. B. ein finanzielles Risiko ab 3 Punkten gemäß der folgenden Aufstellung zur Bewertung „mittel", ein Risiko ab 6 Punkten zur Bewertung „hoch" führt.

Zurück zur Tabelle in Formblatt 7: Zusätzlich zur Bewertung der Tragweite anhand messbarer Geldbeträge kann eine Berücksichtigung von nicht monetären Faktoren zur vollständigen Beschreibung des Risikos notwendig werden. Im Einzelfall kann es auch gar nicht möglich sein, das Risiko insgesamt in Geld anzugeben.

Hier ergänzen Sie die Bewertung der Tragweite um Ihre subjektive Einschätzung, die Sie mit entsprechenden (Zusatz-) Punkten ausdrücken. Die Einschätzung des einzelnen Risikos sollten Sie dabei immer im Kontext zu den übrigen Risiken des Projekts sehen.

7. Risikopotenzial gesamt (RiskPot. ges.): Hier drücken Sie das Risikopotenzial in 1–81 Punkten aus, die das Produkt der Multiplikation von Feld 4 mit Feld 6 sind. Das so ermittelte Risikopotenzial liefert die Basis für eine Bildung von Rangfolgen der Risiken, um darauf die spätere Planung von und Entscheidung über Maßnahmen abzuleiten. Damit nun zur Situation nach Maßnahmen.

8. Stichwort, Beschreibung der Maßnahme (Stichwort Maßnahme): In der Tabelle (Risiko-Übersicht) reichen wiederum Stichwörter. In der Langfassung auf dem einzelnen Risiko-Detailblatt kann die Beschreibung detaillierter erfolgen. Außerdem ist ein Querverweis auf andere Risiken und Maßnahmen möglich, die damit in Zusammenhang stehen, also z. B. sich gegenseitig verstärken oder ausschließen. Bei der weiteren Betrachtung gehen Sie auch hier davon aus, dass die Maßnahmen wie vorgesehen wirken und die Risiken im Hinblick auf ihre Tragweite und/oder Wahrscheinlichkeit entsprechend beeinflusst werden. Sollte diese Annahme nicht uneingeschränkt gelten, ziehen Sie auch hier am besten andere Verfahren zur komplexeren Betrachtung, wie etwa das Entscheidungsbaumverfahren, heran.

9. Kosten der Maßnahme in Euro oder US-Dollar absolut (Kosten t €/$): Bei mehrfacher Berücksichtigung eines Risikos gelten die Aussagen und Vorschläge zu Feld 5 analog.

10. Restliche finanzielle Auswirkung (Rest Tf in t €/$): Trotz der Maßnahmen bzw. danach können restliche oder andere finanzielle Auswirkungen bei Eintritt des Risikos bestehen. Diese sollten Sie in Euro- oder US-Dollar-Beträgen vermerken. Die Aussagen zu Feld 5 gelten dabei analog.

10a. Finanzielle Situation nach Maßnahmen (nur im Detailblatt): Hier finden Sie ein Rechenfeld zur Darstellung der finanziellen Situation nach den Maßnahmen. Sie rechnen durch Addition der Kosten der Maßnahmen und des finanziellen Restrisikos (Felder 9 plus 12). Die Aussagen zu Feld 5 gelten hierfür analog.

11. Rest-Wahrscheinlichkeit (Rest W): Es besteht eine Rest-Wahrscheinlichkeit für das Eintreten des unter 2 beschriebenen Risikos trotz der ergriffenen Maßnahmen. Bei Maßnahmen, die sich gegen die Auswirkungen des unter 2 beschriebenen Risikos richten, fällt die Bewertung der Felder in den Spalten 10 oder 14 entsprechend geringer aus. Maßnahmen gegen die Wahrscheinlichkeit wirken sich allein in Spalte 11 aus, kombiniert wirkende Maßnahmen dagegen in allen genannten Spalten. Zur Ermittlung gelten die Aussagen zu Feld 4 analog.

12. Rest-Tragweite finanziell gewichtet (Rest Tf gew. t €/$): Hier bezeichnen Sie wiederum die Rest-Tragweite der finanziellen Auswirkung in nach der Wahrscheinlichkeit gewichteten Euro- oder US-Dollar-Beträgen, ermittelt als Produkt von Feld 10 mal Feld 11 dividiert durch zehn. Dieser Wert ist in der weiteren Bearbeitung für die buchhalterische Risikobetrachtung wichtig. Die Aussagen zu Feld 5 gelten analog.

13. Verbesserung finanziell (Verbess. Tf t €/$): Hier bezeichnen Sie die Verbesserung der finanziellen Risikosituation durch die Maßnahme, ermittelt aus der Differenz von Punkt 5 minus 10a (im Deckblatt) bzw. Feld 5 minus der Summe der Felder 9 plus 12 [5 - (9+12)] in der Risiko-Übersicht.

> **Achtung:**
> Aus buchhalterischer Sicht und innerhalb des Reportings sind die Summen der Felder 5, 12 und 13 besonders wichtig, da Sie aus ihnen die aus dem Projekt zu bildenden Rückstellungen ermitteln können.

14. Rest-Tragweite (Rest T): Die Rest-Tragweite bewerten Sie mit 1-9 Punkten, sich diese Tragweite zunächst aus Feld 12 ergibt, je nach Ihrer Einschätzung aber auch höher ausfallen kann.

15. Rest-Risikopotenzial ges. (Rest-RiskPot. ges.): Das gesamte Rest-Risikopotenzial ermitteln Sie, indem Sie das Produkt aus Feld 11 und Feld 14 bilden.

16. Verbesserung des Risikopotenzials ges. (Verbess. RiskPot. ges.): Die Verbesserung des gesamten Risikopotenzials bzw. der Risikosituation berechnen Sie als Differenz der Punkte aus Feld 7 und Feld 15. Dieser Wert gibt Ihnen als Projektmanager Anhaltspunkte bzgl. der Wirksamkeit von Maßnahmen und Entscheidungshilfen für deren Umsetzung. Dabei gilt: je größer die Differenz, desto wirksamer die Maßnahme.

17. Kosten je Verbesserungs-Pkt. (Kst./Pkt.): Hier errechnen Sie die relativen Kosten der Verbesserung in Feld 13, als Ergebnis der Division des Wertes in Feld 9 durch den Wert in Feld 16. Sie ermitteln so Anhaltspunkte für eine Entscheidung, in welcher Reihenfolge – gerade auch bei limitierten Budgets – Maßnahmen in Angriff genommen werden sollten. Weiterhin können Basisinformationen,

z. B. für Nutzwert-Analysen zur Realisierung von Maßnahmen bei beschränktem Budget, gewonnen werden.

18. Bemerkungen (Bem.): Hier bleibt schließlich Raum für Ihre Anmerkungen, z. B. zu Verantwortlichen, Terminen, Erfolg, Controlling-Maßnahmen usw.

Achtung:
Nutzen Sie das erweiterte SMEA-Verfahren, wenn Bewertung und Behandlung von Risiken sowohl Bestandteil des Projektmanagements als auch erforderlich für übergreifende Berechnungen im Rahmen des Controllings und Reportings sind, insbesondere zur Bildung von Rückstelllungen. Lohnend ist der Aufwand für dieses Verfahren vorwiegend bei mittleren und größeren B- sowie bei A-Projekten.

Die Nutzenwert- und Sensitivitäts-Analyse in der Maßnahmenplanung

Die richtigen Maßnahmen auswählen

Nachdem Sie nun verschiedene Verfahren zur Planung und Beurteilung von Maßnahmen kennen gelernt haben, möchte ich Ihre Aufmerksamkeit nun noch einmal näher auf deren Auswahl lenken. Diese ist vor allem dann bedeutsam, wenn nur begrenzte Mittel zur Bearbeitung von Risiken zur Verfügung stehen. Als Instrument hat sich hier die Nutzenwert- und Sensitivitäts-Analyse bewährt. Die nachfolgenden Ausführungen dazu beziehen sich schwerpunktmäßig auf Risiken, wobei Chancen immer mit zu bedenken sind.

Zunächst bilden Sie Prioritäten, um Maßnahmen anschließend gestaffelt bearbeiten zu können.

Dazu können Sie folgendes Frageschema verwenden:

- Welche Maßnahmen beseitigen die existenzbedrohenden Risikopotenziale?
- Welche Maßnahmen beseitigen die absolut größten Risikopotenziale?
- Welche Maßnahmen beseitigen die in Bezug auf die Kosten und Wirkung der Maßnahmen relativ größten Risikopotenziale?

Die beiden letzten Fragen beziehen sich auf Effektivität und Effizienz der Maßnahmen. Effektivität bedeutet konkret, dass mit der Maßnahme eine größtmögliche Wirkung erzielt wird, während Effizienz für ein bestmögliches Verhältnis von Ergebnissen und den dazu notwendigen Aufwendungen steht.

Im Folgenden werden Sie auch anhand von Beispielrechnungen sehen, dass der Vergleich der Staffelung nach diesen beiden Größen zu jeweils unterschiedlichen Ergebnissen führen kann. Diese sind dann weiter zu analysieren. So kann sich z. B. die Frage ergeben, ob Sie knappe Mittel zur Risikobekämpfung besser in eine einzige große Maßnahme investieren, oder ob es effizienter ist, mehrere kleine durchzuführen.

In Tabelle 13 und Tabelle 14 sehen Sie beispielhaft die Analyse verschiedener Risiken, die hier nicht näher definiert werden, sondern in der ersten Spalte lediglich mit Nummern gekennzeichnet sind. Im ersten Beispiel sind die Risiken nach den absolut höchsten Punkte-Differenzen sortiert, die mit den Maßnahmen jeweils zu erzielen sind, also nach ihrer Effektivität. Die Sortierung erfolgte hierbei in absteigender Reihenfolge.

In der Spalte daneben sind zunächst angenommene fiktive Veränderungen durch Punktedifferenzen nach Maßnahmen aufgelistet, daneben die mit diesen Maßnahmen verbundenen Kosten.

Die Spalte rechts davon gibt an, welchen Euro-Betrag die Beseitigung eines Risikopunkts verursacht, ermittelt aus der Division des Geldbetrags durch die Punkte-Differenz einer Maßnahme. Hiermit wird das Verhältnis von Einsatz und Wirkung ermittelt, also die Effizienz der Maßnahme.

Die letzte Spalte schließlich gibt die Rangfolge an, die sich ergibt, wenn Risiken und Maßnahmen nicht mehr nach ihrer absoluten Wirkung beurteilt werden, sondern nach ihrer soeben errechneten Effizienz. Diese Spalte (ganz rechts) zeigt also die relative Rangfolge an, die anders ist, als die der absoluten Rangfolge in der ersten Spalte (ganz links).

Risiko-Nr.	Punkte-Diff.	Betrag in t€	Betrag/ Punkte	Rel. Rang
1	65	30	0,46	1
2	48	50	1,04	4
3	42	35	0,83	3
4	30	45	1,50	7
(kumuliert)	(185)	(160)		
5	27	15	0,55	2
6	15	17	1,13	5
7	8	10	1,25	6
8	7	15	2,14	8

Tabelle 13: Berechnung der Effizienz einer Maßnahme nach absoluter Punktedifferenz. Bei Einsatz von 160 TEUR (Risiken 1-4 kumuliert) erfolgt z. B. eine Reduktion um 185 Risiko-Punkte.

Würden Sie sich jetzt entschließen, die ersten vier Maßnahmen der Risiken mit den Nummern 1-4 zu ergreifen, dann könnten Sie damit eine Differenz von insgesamt 185 Risikopunkten erzielen. Dafür müsste der Betrag von insgesamt 160 t€ aufgewendet werden, für 212 Risikopunkte läge der Betrag dagegen bei 175 t€.

In Tabelle 14 sind jetzt die Risiken und Maßnahmen gemäß der eben errechneten relativen Rangfolge sortiert. Risiko 1 bleibt also an erster Stelle, Risiko 5 rutscht von Rang 5 auf Rang 2 usw.

Risiko-Nr.	Punkte-Diff.	Kumu-liert	Betr. in t€	t€ Kum.
1	65	65	30	30
5	27	92	15	45
3	42	134	35	80
2	48	182	50	130
6	15	197	17	147
7	8	205	10	157
4	30	235	45	202
8	7	242	15	217

Tabelle 14: Risiken (aus Tabelle 13) nach relativem Rang. Beim Einsatz von 130 t€ (kumuliert für Risiken 1, 5, 3 und 2) erfolgt z. B. eine Reduktion um 182 Risiko-Punkte.

Hier könnten Sie also jetzt eine Reduktion um kumuliert 182 Risikopunkte mit dem Einsatz von nur 130 t€ (ein minus von 19 %) erreichen. Zusätzlich könnten Sie mit dem etwa gleichen Aufwand (157 t€ in Tabelle 14 anstelle von 160 t€ in der Reihenfolge von Tabelle 13) auch noch die Risiken Nr. 6 und Nr. 7 bearbeiten.

Das evtl. jetzt nicht mehr unmittelbar berücksichtigte Risiko Nr. 4 muss dann anders bearbeitet werden, z. B. durch genaue Beobachtung oder vertraglichen Ausschluss. Es wird erkennbar, dass in diesem Beispiel die Verwendung des Geldes für Maßnahmen gegen die Risiken effizienter wird, wenn sich die Maßnahmen auf mehrere kleine Risiken richten.

Achtung:

Sie müssen bei der Beurteilung von Maßnahmen deren Effizienz und Effektivität gleichermaßen betrachten. Lassen Sie sich dabei von großen Zahlen nicht blenden – es kann effizienter sein, sich von „Kleinkram" zu befreien und die verbleibende Management-Kapazität auf die wenigen verbleibenden Hauptrisiken zu konzentrieren.

Das FMEA-Verfahren

Eine Anleihe aus dem Werkzeugkasten des Qualitätsmanagements machen Sie, wenn Sie das FMEA-Verfahren im Risikomanagement einsetzen. FMEA steht für „Fehler-Möglichkeits- und Einflussanalyse" bzw. „Failure Mode and Effects Analysis" (teils auch "Failure Mode, Effects and Criticality Analysis" – FMEAC genannt). Die Besonderheit der FMEA liegt darin, dass den bisherigen Faktoren zur Ermittlung des Risikopotenzials, also der Tragweite und der Wahrscheinlichkeit, ein weiterer hinzugefügt wird, nämlich die Zeitdauer bis zum Entdecken des Risikos. (Die Größe „Fehler" im Qualitätsmanagement wird also durch die Größe „Risiko" im Risikomanagement ersetzt.) Die bisher bei der Formulierung der Tragweite implizit unterstellte Zeitdauer bis zur Entdeckung eines Risikos wird damit jetzt als eigener Faktor behandelt.

Da die FMEA ein eingeführtes, in der Fachliteratur beschriebenes Verfahren ist, werde ich dessen Begriffe hier unverändert übernehmen. Die Begriffe im Risikomanagement sind demgegenüber teilweise etwas andere, auf die Unterschiede wird hingewiesen.

Das Verfahren ermöglicht Ihnen eine zusätzliche Perspektive, auf die Sie nicht verzichten sollten. Außerdem wird mit seiner Anwendung auch die Bandbreite von Gegenmaßnahmen um die Verwendung als Präventiv-Maßnahmen aufgrund von Frühwarnindikatoren erweitert.

Formblatt 9

Die Vorgehensweise der FMEA zeigt Formblatt 9, das Sie wieder auf der CD des Buches finden. Auf der CD finden Sie ebenfalls eine ausführliche Erläuterung des Formblatts und der Vorgehensweise in diesem Verfahren. Die folgende Beschreibung der FMEA-Tabelle (Formblatt 9) ist deshalb bewusst knapp gehalten.

In der Tabelle zur FMEA bearbeiten Sie nacheinander folgende Spalten:

1. Nr.: Laufende Nummer des Risikos

2. Prozessschritt im Projekt, Projektziel, zu realisier. Objekt: wo kann das Risiko eintreten?

3. Mögliches Risiko: Nennung und Beschreibung

4. Ursache: Ursache des Risikos

5. Wirkung: Auswirkungen, was passiert, wenn das Risiko eintritt?

6. Folgen für das Projekt: Folgen und Tragweite

7. Beeinflussbarkeit durch ... :Wer kann (ohne Maßnahmen) dagegen wirken?

8. A/B/E/R:
A = Auftreten = Wahrscheinlichkeit
B = Bedeutung = Tragweite
E = Entdeckung (Zeitdauer bis E, neu) bewertet mit jeweils einer Zahl von 1 für sehr niedrig bis 9 für sehr hoch
R = Risikopotenzial (Produkt aus A x B x E)

9. Mögliche Maßnahme

10. Verbesserter Zustand (verglichen mit 2., 3. und 5.)

11. A/B/E/R: wie bei 8, bewertet nach der Maßnahme

12. Entscheidung, Kosten, Verantwortlicher

Den Faktor Zeit im Risikomanagement können Sie sich gut anhand eines Beispiels deutlich machen, das Sie aus der Fahrschule kennen: Die Zeit vom Auftreten einer Gefahrensituation bis zum Stillstand eines Fahrzeugs in folgende Abschnitte unterteilt:

• Erkennen der Gefahr nach der persönlichen Reaktionszeit (Zeit bis zum Betätigen der Bremse).

• Bremsansprechzeit (Zeit, bis die Bremse zu wirken beginnt)

• Bremszeit und daraus folgend der Bremsweg

Die prinzipiell gleiche Überlegung ist bei der Abschätzung der Wirksamkeit von Maßnahmen gegen Risiken im Projekt anzustellen. Im Extremfall können Sie (anders als beim Bremsen des Autos) zu der Entscheidung kommen, auf die Maßnahme zu verzichten, da ihre Wirkung zu spät einträte und der erwünschte Effekt nicht mehr gegeben wäre.

Das FMEA-Verfahren berücksichtigt als zusätzliches Kriterium bei der Analyse und Beurteilung eines Risikos den Zeitraum bis zu dessen Entdeckung. Dementsprechend werden Maßnahmen auch auf die Frage hin beurteilt, ob sie durch eine Verkürzung der Entdeckungszeit zu einer Entschärfung des Risikos beitragen können.

3.4 Maßnahmen, Termine und Prozesse integriert planen und managen

Risiken und Chancen im Projekt sind nicht statisch, deshalb ist auch deren Management ein dynamischer Prozess. Im Folgenden soll es darum gehen, wie Sie unterschiedliche Risikosituationen zunächst planen, dann darstellen und schließlich managen. Der Fokus liegt auch diesmal wieder auf Risiken, verbunden mit dem Hinweis, dass Sie Chancen analog betrachten können.

Für die nachfolgenden Aussagen gehe ich davon aus, dass es eine ausgearbeitete Terminplanung für Ihr Projekt gibt. Der Einfachheit halber wird unterstellt, dass Ihre Terminplanung in MS Project erfolgt. Dieses Programm hat zwar unter Projektleitern auch seine Kritiker und diese haben für ihre Einstellung sicherlich auch nachvollziehbare Gründe. Andererseits ist MS Project bezogen auf die Zahl der verkauften Anwendungen mit Abstand der Marktführer. Viele andere Programme sind außerdem relativ ähnlich aufgebaut, so dass sich die hier getroffenen Aussagen leicht übertragen lassen.

Die Netzplantechnik und die daraus folgende Terminplanung als Balkenplan liefern aus sich heraus bereits Hinweise zu möglichen Risiken. Das geschieht, wie schon an anderer Stelle beschrieben, z. B. durch die Darstellung kritischer und subkritischer Pfade. Ebenso können den Vorgängen Ressourcen zugeordnet und somit Kapazitätsbedarfsplanungen erstellt werden.

Risiken im Zeitablauf managen

Risiken mit Terminen verknüpfen

Im Folgenden lernen Sie einen weiterführenden Ansatz zur Verbindung von Risikomanagement und Terminplanung kennen. Dieser besteht darin, Vorgängen aus der Terminplanung bestimmte Risikopotenziale zuzuordnen und diese dann zeitstreckenbezogen darzustellen.

Sie beginnen damit, einzelne – sicher nicht alle – Vorgänge des Netz- oder Balkenplans in MS Project (bzw. Ihrem Planungsinstrument) anhand folgender Leitfragen zu überprüfen:

- Wie risikobehaftet sind die Annahmen, die für die Dauer und evtl. die Kosten gemacht wurden, für diesen Vorgang?
- Welche Risikopotenziale birgt dieser Vorgang darüber hinaus noch?

Die Risikopotenziale geben Sie nun in Punkten an. Deren Ableitung aus den Faktoren „Tragweite" und „Wahrscheinlichkeit" wurde oben bereits mehrfach beschrieben.

Sofern es Risiken gibt, die nicht bestimmten Vorgängen zuzuordnen sind, werden dazu zusätzliche Risiko-Vorgänge als „Scheinvorgänge" eingefügt. Diese dienen als Platzhalter bzw. Darstellungsmöglichkeit für eben diese Risiken. Da hier nicht mehr Terminplanung betrieben wird, müssen die Regeln der sauberen Terminplanung dazu auch nicht mehr streng beachtet werden. Es ist somit möglich, den Risikovorgängen Abhängigkeit zu realen Vorgängen zuzuordnen oder ebenso, sie mit festen Terminen in die Planung einzuordnen – je nach Gegebenheiten.

In MS Project können Sie dann die gleiche Funktion wie bei der Zuordnung von Ressourcen verwenden. Es wird eine Ressource „Risiko" angelegt und entsprechend zugeordnet. Ebenso ist es denkbar, verschiedene Risikoarten festzulegen und diese dann differenziert zuzuordnen. Allerdings sei daran erinnert, dass die Arbeit mit Ressourcen die Arbeit in MS Project häufig nicht einfacher macht. Daran ändert sich natürlich auch nichts, wenn die Ressourcen jetzt „Risiken" heißen.

Die anfallenden Risikopotenziale werden nun auf der Zeitstrecke für einzelne Abschnitte dargestellt. Ergebnis ist ein „Risikogebirge" vergleichbar mit einem „Kapazitätsauslastungsdiagramm" aus der Rechnung mit Ressourcen (siehe Abbildung 13). Dieses „Risikopotenzial-Gebirge" zeigt, welche Zeiträume mit wie viel Risikopotenzial belastet sind und wann vielleicht nur noch geringe Restrisiken bestehen.

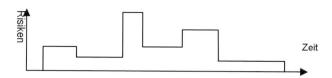

Abbildung 13: Risikopotenzial-„Gebirge" zur Darstellung von Risiken im Zeitablauf des Projekts

Diese Erkenntnisse setzen Sie dann wiederum in neue Maßnahmen um. Selbstverständlich werden Sie als Projektleiter dann Ihren Jahresurlaub nicht am Beginn der Zeit mit den größten Risiken antreten, und vielleicht werden Sie für die Zeit bis zum Ablauf von

Claim- und Einspruchsfristen einen eigenen Claimmanager ernennen.

Sie können jetzt aber auch Maßnahmen erneut als Vorgänge einplanen und mit Kosten und Kapazitäten koppeln. In Folge sind dann daraus Aussagen zur Entwicklung der Kostenbelastung aus den Maßnahmen bzw. zur Kapazitätsbelastung der für die Risikovorsorge Verantwortlichen möglich.

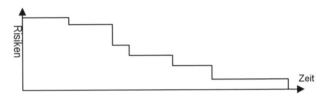

Abbildung 14: Kontinuierliche Abnahme des Gesamtrisikos im Zeitablauf des Projekts

Ebenso können natürlich neue Risiken dazu kommen, die erst im Projektverlauf entstehen oder erkannt werden. Entsprechend wird dann die Risikosumme angepasst.

Im nächsten Schritt stellen Sie dann das jeweilige Risikopotenzial für die einzelnen Zeiträume in absteigender Reihenfolge, sozusagen „negativ kumuliert", dar. Das ist vergleichbar mit einem Gesamtbudget, das Schritt für Schritt aufgebraucht wird. Damit kann das sich verändernde – idealerweise dauerhaft abnehmende – Gesamtrisiko im Projekt dargestellt werden. (Vgl. dazu Abbildung 14) Denn durch den Projektfortschritt entfallen ja stets Risiken. Wenn beispielsweise alle Lieferungen eingetroffen sind, entfällt das Lieferrisiko.

Achtung:
Ordnen Sie Risikopotenziale Vorgängen zu bzw. ergänzen Sie zusätzliche Vorgänge eigens für Risiken. Sie können dann Risikolinien für einzelne Projektzeiträume (z. B. wochenweise) ebenso wie die Gesamtentwicklung des Risikopotenzials darstellen und bearbeiten.

Gewinnen Sie Terminsicherheit mit der „gekapselten Projektstruktur"

Die „gekapselte Projektstruktur" ist eine Vorgehensweise der Terminplanung, bei der Sie einzelnen Abschnitten bereits Zeitreserven hinzufügen. Bei nicht allzu großen Terminverschiebungen in einer einzelnen Phase verschieben sich dann nicht gleich Vorgänge im gesamten Projekt.

Josef Schwab beschreibt in seinem Buch „Projektplanung realisieren mit MS Project 2003 und Project Server 2003" (Hanser, 2005) die Strukturierungs- und Planungssystematik der „gekapselten" Projektstruktur. Diese Vorgehensweise ist als Maßnahmenbündel zur Reduzierung von Terminrisiken im Projekt hervorragend geeignet, so dass ich sie hier zur Ergänzung kurz vorstellen möchte.

Phasen sauber voneinander abgrenzen

In einem sehr komplexen, finanziell bedeutsamen und organisatorisch anspruchsvollen Projekt habe ich selbst erlebt, wie es gelungen ist, die planerischen Herausforderungen mit dieser Arbeitsweise zu erfüllen und in der Abwicklung leichter beherrschbar zu machen.

Die gekapselte Projektstrukturierung wird durch eine klare Struktur der Phasen (evtl. auch Objekte) erleichtert. Außerdem sollten möglichst keine, zumindest keine wesentlichen Verbindungen zwischen den Phasen bestehen.

Außerdem sollte nicht unbedingter Zwang zur Abwicklung so schnell wie unter allen Umständen möglich bestehen. Unter der Planungsprämisse „Abwicklung so schnell wie irgend möglich", müssten nämlich andere Verfahren, z. B. das der „kritischen Kette" („critical chain") zum Einsatz kommen. Mit diesem würde sich die Gefahr eines Terminverzugs einerseits erhöhen (weil die Termine sehr eng gepackt sind), andererseits auch wieder verringern (weil dem Team der kritischen Kette möglichst optimale Arbeitsbedingungen gegeben sein sollen).

Der Grundgedanke der gekapselten Projektstruktur berücksichtigt die Tatsache, dass es im Projekt immer wieder zu kleineren, manchmal auch größeren Planungsänderungen kommen wird, und zwar entweder bereits in der Detailplanung, spätestens aber bei der Projektabwicklung.

Planen Sie ein Projekt vollständig, so tritt bei Planungsänderungen folgender Effekt ein: Jede Änderung an Terminen einzelner Vorgänge kann Änderungen bei nachfolgenden Vorgängen auslösen (bei Vorgängen auf dem kritischen Pfad ist das sogar zwangsläufig der Fall). Jede Terminänderung macht also Teile der weiteren Planung obsolet. Damit besteht keine Planungssicherheit mehr.

Sachlich entsteht das Risiko der Terminabweichungen, auf der psychologischen Ebene kommt aber noch das Risiko hinzu, dass die Planung insgesamt nicht mehr ernst genommen wird.

Wenn Sie einmal von einer phasenorientierten Projektstruktur ausgehen, so realisieren Sie die gekapselte Projektstruktur in der Planung wie folgt: Sie planen einzelne Phasen dergestalt, dass diese zunächst einen Phasenstart-Vorgang haben. Von dem ausgehend entwickeln sich alle Folgevorgänge, um dann schließlich in einen Phasen-Ende-Vorgang zu münden. Beide, Phasenstart und Phasen-Ende sind Meilensteine. Der Termin für den Phasenstart wird als fester Termin vergeben, der für das Phasen-Ende aus den dazwischen liegenden Vorgängen errechnet.

Jetzt wird eine Pufferzeit dazu gerechnet und durch einen weiteren Meilenstein (in MS Project einen Stichtag) dargestellt. Dieser entspricht dem anschließend gesetzten Startmeilenstein der Folgephase. Terminverschiebungen innerhalb der Phase bleiben damit solange ohne Auswirkungen auf die Termine der Folgephase, wie der Puffer der Phase nicht verbraucht wird.

Die Anwendung von MS Project und anderen Programme unterstützen die gekapselte Projektstruktur. Bei MS Project ist z. B. die Verwendung eines Meilensteins und eines Stichtages, gekoppelt an den Soll-Start der Folgephase, gut umsetzbar. Bleibt der errechnete Termin unter dem Stichtag, passiert gar nichts. Rückt er nach hinten, erscheint ein Warnhinweis.

Achtung:
Planen Sie immer mit einer „gekapselten Projektstruktur", sofern Ihr Projekt nicht als oberstes Ziel die kürzestmögliche Abwicklungszeit hat. Versehen Sie Phasen mit Puffern! Terminänderungen wirken sich dann innerhalb einer definierten Größe nur auf die Termine der Phase, nicht auf das gesamte Projekt aus.

Fazit

- Betreiben Sie Risikomanagement proaktiv und verlassen Sie sich nicht auf ein reines Krisenmanagement.

- Rechnen Sie damit, dass trotz bereits intensiver Phasen der Diskussion und Definition der Projektziele in der Vergangenheit die Diskussion über Risiken Sie noch einmal an den Ausgangspunkt zurückführt.

- Planen Sie Szenarien und entwickeln Sie schon im Vorfeld eine Notfallplanung, mit klaren Handlungsanweisungen.

- Untersuchen Sie bereits im frühen Stadium des Projekts das Risikopotenzial und mögliche Maßnahmen, indem Sie Fragen nach Bedrohungen, Schwachstellen und zu erwartenden Schäden stellen und nach Alternativen suchen.

- Nutzen Sie PERT-Verfahren und Entscheidungsbaum-Verfahren zur Auswahl von Maßnahmen.

- Bewerten Sie die Wirkung von Maßnahmen mit MmC- und MmR-Verfahren, SMEA und FMEA.

- Arbeiten Sie mit einer „gekapselten Projektstruktur", um mehr Terminsicherheit zu gewinnen.

4 Die kaufmännische und rechtliche Seite

In den bisherigen Kapiteln haben Sie Risiken- und Chancenmanagement vor allem aus der Perspektive des eigentlichen Projektmanagements kennen gelernt. Es standen Risiken im Mittelpunkt, die sich aus dem Projektprozess ergeben. An einigen Stellen sind auch schon kaufmännische Aspekte oder rechtliche Rahmenbedingungen des Projektprozesses – denken Sie etwa zurück an das Beispiel öffentlicher Förderung einer umweltfreundlichen Fertigungsanlage – in den Blick gekommen, die im Hinblick auf Risiken und Chancen zu berücksichtigen sind. Dies gilt es nun noch zu vertiefen. Dabei sollen vor allem einzelne Vorschriften des Schuldrechts, Bestimmungen zur Rechnungslegung und die Mitkalkulation im Projekt betrachtet werden. Hinzu kommen gesetzliche Regelungen für das Risikomanagement selbst.

4.1 Welche gesetzlichen Vorschriften Sie kennen sollten

Deutsches Recht wird grundsätzlich in Zivilrecht, Öffentliches Recht und Strafrecht eingeteilt, wobei für das Projektmanagement in erster Linie zivilrechtliche Bestimmungen relevant sind, während strafrechtliche Tatbestände in Ihrem Projekt hoffentlich niemals eine Rolle spielen werden. Innerhalb des Zivilrechts geht es im Projektmanagement wiederum meistens um Fragen des Schuldrechts, jenes Rechtsgebiets also, in dem Ansprüche natürlicher und juristischer Personen auf Leistungen geregelt sind. Gesetzestexte dazu finden sich in erster Linie im Bürgerlichen Gesetzbuch (BGB). Dort werden Regeln zu den in Verträgen gegenseitig zu vereinbarenden Leistungen, zu Leistungsstörungen und für die Verteilung der Risiken getroffen.

Diese Regeln haben enge Verbindungen zum Projekt- und Risikomanagement. Das gilt etwa für die Regelungen zur Haftungsbegrenzung bzw. -verteilung. Solche Regelungen sind allerdings mit Blick auf die Vertragspartner praktisch „Nullsummenspiele", da die Beschränkung der Haftung einer Partei nur zur Verlagerung auf eine andere führt.

Nachfolgend lernen Sie aus der Vielzahl der juristischen Aspekte eine Auswahl von Situationen und Hilfen zu deren Bewältigung kennen, die sich in der Praxis als besonders relevant herausgestellt haben. Es findet hier keine Rechtsberatung statt und es gibt auch keinen Ersatz für den Rat des Anwalts, aber einige Hinweise können dazu beitragen, dass Sie mögliche Fehler vermeiden.

Häufige Einzelfälle in der Projektpraxis

In der Projektpraxis sind bei der Einschätzung der Rechtslage zwei Dinge von Bedeutung: Erstens die Interpretation allgemeingültiger, gesetzlicher Regeln bezogen auf das Projekt und zweitens die Integration projektindividueller Vereinbarungen. Damit sind z. B. Fragen des Vertragstyps, der Art der Zusicherung von Leistungen oder des Übergangs von Haftungen gemeint.

Hierzu ein Beispiel: Am Beginn des Projekts wird als erster Schritt die Erarbeitung einer Machbarkeits- und Wirtschaftlichkeitsstudie vereinbart. Diese Leistung lässt sich, je nach dem individuellen Vertragstext, als Werkvertrag (§§ 636 ff. BGB) oder als Dienstvertrag (§§ 611 ff. BGB) interpretieren. Für den Auftragnehmer bedeutet die erste Interpretation, dass er einen Erfolg schuldet – mit dem entsprechendem Risiko von Nacharbeiten erweiterter Haftung usw. Wird der Vertrag dagegen als Dienstvertrag eingestuft, dann ist seitens des Auftragnehmers die ordentliche und fachgerechte Erbringung der Leistung gefordert, aber eben nicht mehr der Erfolg. Das Risiko für den Auftragnehmer wird tendenziell geringer.

Aus den beiden Interpretationen ergeben sich also unterschiedliche Rechtsfolgen und somit unterschiedliche Verteilungen der Risiken zwischen Auftraggeber und Auftragnehmer. Die gesetzlichen Regeln sind meist eindeutig. Die Schwierigkeit liegt darin, zu interpretieren, ob der individuelle Fall nun dem einen oder dem anderen Vertragstyp zuzuordnen ist. Dabei nutzt es auch nicht viel, dem Vertrag eine bestimmte Überschrift zu geben. Vielmehr gilt der Grundsatz, dass nicht entscheidend ist, was über dem Vertrag steht, sondern was darin tatsächlich geregelt ist und wie das geschieht. Kommt es wirklich zum Streit, muss oft der Richter entscheiden, um welchen Fall es sich nun handelte.

Zu welchem Paragraphen passt welcher Vertrag?

Eine deutliche Regelung kommt am ehesten noch dort zustande, wo Verträge mit externen Beteiligten geschlossen werden. Solche Verträge werden in der Regel in schriftlicher Form geschlossen, was präzise Formulierungen erfordert. Viele Projekte werden aber zwischen unternehmensinternen Beteiligten vereinbart. Hier fehlt der Zwang zu tatsächlich präzisen und zweifelsfreien Vereinbarungen. Das Ergebnis ist leider häufig, dass ein problemloser Start gelingt, aber der Ärger dann später kommt.

Beispiel:

In einem Großunternehmen soll die interne IT-Abteilung nach grober Spezifikation Anpassungen in den Programmen einer Fachabteilung, nämlich des Rechnungswesens, vornehmen. Während der Bearbeitung werden immer wieder Änderungen von beiden Seiten vorgeschlagen und realisiert. Dies führt zu einer erheblichen Verzögerung und Kostensteigerung gegenüber den ursprünglichen Vorstellungen der Fachabteilung.

Nun folgt der Wechsel böser Memos. Die Fachabteilung eröffnet mit dem Satz: „Wieder einmal hat es unsere IT-Abteilung nicht geschafft, ein Projekt kosten- und termingerecht abzuwickeln." Daraufhin der Konter der IT-Abteilung: „Wieder einmal hat das Rechnungswesen nicht gewusst, was es will. Ständige Änderungswünsche an bereits fertigen Modulen machen ein Projekt natürlich teurer." Und die Retourkutsche der Fachabteilung: „Hätte man uns gesagt, dass diese kleine Änderung solche Konsequenzen hat, hätten wir verzichtet!" Und so geht es dann noch eine Weile hin und her.

Was ist geschehen? Nun, die Fachabteilung war der Meinung, eine

Vereinbarung nach den Regeln eines Werkvertrages getroffen zu haben. Danach hätte die IT-Abteilung, der Auftragnehmer, eine Leistung vollständig erbringen und übergeben müssen und das Risiko für die rechtzeitige Ausführung getragen. Die IT-Abteilung fühlte sich aber gemäß den Regeln eines Dienstvertrages beauftragt. Sie war der Auffassung, dass die Verantwortung für den Gesamtüberblick bei der sie mit definierten Leistungen beauftragenden Fachabteilung geblieben sei. Mit anderen Worten: Die IT-Abteilung programmiert so lange neu, wie das Rechnungswesen es will.

Die unpräzise Vereinbarung, der „Scheinkompromiss", ist schnell passiert. Warum eigentlich diese Grauzonen in der Vereinbarung? Manchmal aus Nachlässigkeit, manchmal aber auch deshalb, weil eine Partei glaubt, die Lücke später zu ihrem Vorteil nutzen zu können. Aber die andere glaubt das auch, und so ist der Konflikt vorprogrammiert! Selbstverständlich kann es Situationen geben, in denen zunächst Verhandlungsspielräume bleiben müssen. Aber seien Sie sich der Situation bewusst.

Achtung:
Versuchen Sie, Vereinbarungen möglichst frühzeitig detailliert zu treffen bzw. legen Sie mindestens entsprechende Procedere und Regeln fest. Solche Regeln können z. B. den Umgang mit Änderungen im Projekt betreffen. Dort, wo Sie es nicht mit Vereinbarungen zwischen externen, sondern mit unternehmensinternen Partnern zu tun haben, sollten Vereinbarungen nicht weniger präzise sein. Die Praxis gerade in großen Unternehmen zeigt, dass den internen Regelungen mindestens so viel Aufmerksamkeit zukommt wie Vereinbarungen mit Externen.

Häufig erleben Sie im Projektgeschäft, dass es, aufgrund von zunächst unvollständigen Informationen am Anfang, während des späteren Projektverlaufs zu Einzelregelungsbedarf kommt. Davon werden wiederum einzelne Interessensträger (Auftraggeber, Auftragnehmer, Subunternehmer) entweder objektiv besonders berührt oder empfinden dies subjektiv so. Offener Regelungsbedarf wirkt also in der Regel konfliktfördernd. Dies gilt vor allem in den Fällen, die durch Gesetze nur unvollständig abgedeckt und in den Verträgen ungenügend geregelt sind. Diese Situation birgt also das Risiko späterer Reibungsverluste bzw. ernsthaften Streits.

Da es im Projekt aber immer wieder zu solchen Situationen kommen wird, ist es hilfreich, die spätere Bearbeitung zusätzlichen Regelungsbedarfs (und von Diskontinuitäten allgemein) bereits im Vorfeld festzulegen, um daraus folgende Zwänge, Befindlichkeiten und Zeitdruck zu vermeiden.

Außerdem kann es zu Problemen kommen, weil die am Projekt Beteiligten sich nicht an die getroffenen Vereinbarungen halten und/oder sich diese Regeln in der Praxis als unhandlich erweisen. Auch für diese Fälle sollten Grenzwerte und Konsequenzen vorher geregelt werden.

Ein Beispiel dafür bieten pauschalierte Regeln für den Fall eines Terminverzugs. Eine Vertragsstrafe (Pönale) sieht z. B. Schadensersatz in genau festgelegter Höhe für den Auftraggeber bei verspäteter Leistung des Auftragnehmers vor, ohne dass ein entsprechender Schaden im Einzelnen nachgewiesen werden muss. Alleine das Überschreiten eines bestimmten kalendarischen Datums löst den Anspruch auf die Zahlung der Pönale aus.

Vertragsstrafen

Allerdings werden solche Pönalen in der Praxis auch vereinbart, ohne damit weitergehende Schadensersatzansprüche auszuschließen. In diesem Fall kann der Auftragnehmer dann aber nur noch insoweit in Anspruch genommen werden, wie der tatsächliche Schaden die bereits gezahlte Pönale übersteigt.

Ein weiteres Problemfeld kann sich ergeben, wenn die Regeln zur Projektorganisation, also zu den Informationen und Entscheidungen im Projekt, nicht mit den vertraglichen Beziehungen übereinstimmen. So stehen bspw. Subunternehmer auch in direktem Kontakt zueinander, der Kunde beschäftigt zusätzliche Consultants oder Planer usw. Daraus folgt dann für den Auftragnehmer das Risiko, zusätzliche Aufträge oder Änderungswünsche angetragen zu bekommen, ohne dass klar ist, ob derjenige, der den Auftrag erteilt, tatsächlich entsprechend autorisiert ist und der Zusatz letztendlich auch bezahlt wird.

Dazu ein Beispiel: Der Endkunde bestellt beim Auftragnehmer eine schlüsselfertige Anlage zu einem Festpreis. Mit der Feinsteuerung und Überwachung beauftragt er, weil er vielleicht selbst nicht fachkundig genug ist, einen Consultant. Dieser hat Vorstellungen von der Ausführung einzelner Komponenten, die von den beim Angebot zugrundegelegten abweichen. Die Frage ist, wer zur Beauftragung zusätzlicher Leistungen berechtigt ist, wer diese Mehrkosten zu genehmigen und wer sie zu tragen hat. Ein Vertrag als rechtliche Grundlage besteht ja nur zwischen Auftragnehmer und Auftraggeber, nicht aber zwischen Auftragnehmer und Consultant.

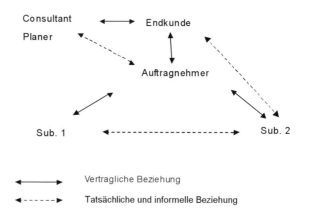

Abbildung 15: Beispiel für mögliche Verflechtungen in einem Projekt

Abbildung 15 zeigt ein Beispiel für mögliche Verflechtungen zwischen Auftragnehmer, Endkunde, Consultant, Planer und Subunternehmern in einem Projekt.

Vollmachten

Die Praxis zeigt in diesem Zusammenhang einen weiteren Gefahrenpunkt: Die Regelungen von Vollmachten bzw. deren unabsichtliche Erteilung. Im Außenverhältnis ist nämlich nicht die tatsächliche, intern geregelte Vollmacht entscheidend, sondern der gute Glaube eines Außenstehenden. Dieser kann sich auf Duldung der Handlungen einer Person (ein Mal kann reichen) oder auf das Auftreten einer Person, die auf Bevollmächtigung schließen lässt (zwei bis drei Mal können reichen) gründen.

Beispiel:

Der Projektleiter und ein Projektmitarbeiter sind gemeinsam im Projektmeeting mit dem Kunden. Im Verlauf des Gesprächs gibt der Projektmitarbeiter gegenüber dem Auftraggeber die Zusage, eine zusätzliche Leistung unentgeltlich zu erbringen. Der Projektleiter sagt dazu nichts, duldet dies also stillschweigend. Macht dieser Projektmitarbeiter in einem folgenden Gespräch bei diesem Kunden ohne Beisein des Projektleiters wieder eine Zusage, kann diese bereits als verbindlich gelten (sog. Duldungsvollmacht).

Im zweiten Fall sagt der Projektmitarbeiter diese Leistungen zwei- oder dreimal zu und jedes Mal werden sie auch entsprechend erbracht. Auch hier kann die folgende, evtl. viel bedeutendere Zusage als rechtsverbindlich angesehen werden (sog. Anscheinsvollmacht).

Dass diese Situationen für das Projekt und den Projektleiter risikobehaftet sind, liegt auf der Hand. Die Lösung ist aber einfach: Alle Probleme lassen sich durch schriftliche Regelungen vermeiden. Sie dürfen diese nur nicht vergessen.Doch selbst wenn alle Regelungen eindeutig und vollständig sind, bedeutet dies noch nicht, dass die Projektabwicklung ohne rechts- und vertragsbezogene Risiken und Probleme verläuft. Häufig sind Schwächen in der Rechtsanwendung zur Risikobehandlung bereits im Vorfeld zu beobachten. Im laufenden Projekt setzen sich diese dann fort.

Dies ist häufig in zwei Umständen begründet: Einmal, weil zwar die Leistungen im Vertrag präzise beschrieben, der Weg der Leistungserbringung, also die Abwicklungsaspekte, bei der Vertragsgestaltung aber als nachrangig angesehen werden. Zum zweiten, weil die Vereinbarungen oder die Rechtslage durch das Abwicklungspersonal ignoriert werden.

Ein Vertrag kann zum Beispiel regeln, dass und wie eine extern entwickelte Software von deren Hersteller auf den Rechnern des Auftraggebers getestet werden soll. Es sind aber keinerlei Regeln zu

Schriftliches nicht nachträglich aufweichen

entsprechenden Anmeldefristen, zur Verfügbarkeit von Testdaten und -umgebungen oder Konsequenzen bei eingeschränkter Verfügbarkeit getroffen worden. Die Folge könnten daher Terminverzögerungen, Mehraufwand, Qualitätsprobleme und unzureichende Erfüllung der Verpflichtungen sein.

Ebenso gibt es vertragliche Regelungen, die in der Praxis nur schwer umsetzbar sind bzw. mit denen eher lax umgegangen wird. Vereinbarte Formalien, z. B., dass keine Änderung ohne schriftlich bestätigten Auftrag erfolgen soll, werden nicht eingehalten und die getroffenen Regeln somit Stück für Stück aufgeweicht.

Beispiel: In einem knapp kalkulierten Festpreisauftrag wurde vereinbart, dass Mehrleistungen nur gegen vorherige Anmeldung und zusätzliche Verrechnung erbracht werden. Dazu sind Meldezettel und schriftliche Anerkenntnis vereinbart. In der Praxis aber arbeitet das eingesetzte Personal auch auf Zuruf. Motto: „Mach doch mal eben …" Die Anerkenntnis und spätere Bezahlung sind deshalb höchst unsicher und das Projektergebnis wird zusätzlich belastet.

Was können Sie tun? Zunächst einmal ist es wichtig, unter allen am Projekt Beteiligten das Bewusstsein dafür zu schärfen, dass das eigene Verhalten auch dann juristische Folgen haben kann, wenn man dies gar nicht beabsichtigt. Insbesondere ist vielen Menschen nicht klar, dass nicht nur Handeln sondern auch Unterlassen, also Nicht-Reagieren, juristische Folgen hat – siehe das Beispiel Vollmachten.

Achtung:
Sensibilisieren Sie alle Personen, die durch vertragliche Regeln zu einem bestimmtem Verhalten angehalten werden sollen (z. B. Dokumentationen zu erstellen, Abstimmungsregeln einzuhalten) für die Risiken nicht vertragskonformen Verhaltens, und zwar sowohl für das Projekt als auch persönlich. Machen Sie Ihren Mitarbeitern und Kollegen klar, dass sich jeder, der am Projekt beteiligt ist, irgendwann juristisch relevant verhält.

4.2 Welche Vorschriften der Rechnungslegung Sie berücksichtigen sollten

Im Bereich der Rechnungslegung gibt es eine Reihe zwingender Vorschriften für Unternehmen, die sich auch auf das Risikomanagement auswirken. In diesem Abschnitt möchte ich Ihnen einige Regelungen des Gesetzes zur Kontrolle und Transparenz im Unternehmensbereich, des Handelsgesetzbuches und der Rechnungslegungsvorschriften US-GAAP im Hinblick auf ihre Konsequenzen für die Projektpraxis vorstellen.

Was das KonTraG fordert

Das KonTraG (Gesetz zur Kontrolle und Transparenz im Unternehmensbereich) sollten Sie berücksichtigen, weil es eine zwar nicht sehr ins Detail gehende, aber verbindliche gesetzliche Aussage zum Risikomanagement in Unternehmen macht. Dort wo das Geschäft eines Unternehmens ganz oder teilweise das Projektgeschäft ist, betreffen diese Regeln folglich auch das Projektmanagement. Damit wiederum gehören Grundkenntnisse des KonTraG zum Basiswissen eines Projektleiters.

Das KonTraG trat im Mai 1998 in Kraft. Es stellt eine Änderung des § 91 Aktiengesetz (AktG) dar, der Aussagen zu Organisation und Buchführung im Unternehmen beinhaltet. Dort heißt es z. B. in Abs. 2: „Der Vorstand hat geeignete Maßnahmen zu treffen, insbesondere ein Überwachungssystem einzurichten, damit den Fortbestand der Gesellschaft gefährdende Entwicklungen früh erkannt werden." Das schließt in der Begründung „... insbesondere risikobehaftete Geschäfte ..." ein. Daraus ist abzuleiten, dass dort, wo das Unternehmen externes Projektgeschäft betreibt, entsprechende Vorsorgen im Projektmanagement zu treffen ist.

Das Risikoverständnis im Sinne des KonTraG bedeutet nun sinngemäß: die Gefahr von Verlusten oder Schäden, d. h. mögliche ungünstige, gefährliche oder existenzbedrohende Entwicklungen im

Risiken überwachen ist Chefsache

Rahmen der Geschäftstätigkeit aus Einzelgeschäften, einem Geschäftsbereich oder der Gesamtunternehmung, die eine kritische Grenze überschreiten (können). Verlustbegriff und kritische Grenze sind nicht festgelegt; dies und die Organisation der Überwachung ist Aufgabe der Geschäftsleitung bzw. des Risikomanagements.

Im Weiteren bleibt das KonTraG allerdings relativ unpräzise, so dass es die Sache der Unternehmen ist, geeignete Risikomanagement-

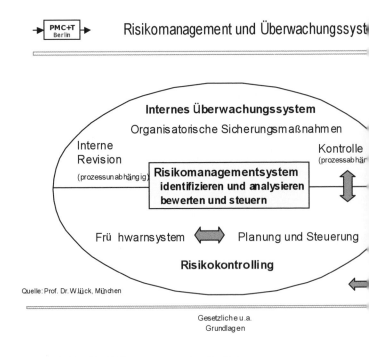

Abbildung 16: Kreislauf des Risikomanagements laut KonTraG

Die Forderungen an ein Überwachungssystem beinhalten den Aufbau eines Frühwarnsystems, in dem Beobachtungsbereiche, Indikatoren und Toleranzen sowie die dann folgenden Informationswege festgelegt werden (vgl. Abbildung 16). Die Beobachtungsbereiche von Unternehmen, die im Projektgeschäft tätig sind, müssen sich demnach auf die Märkte ihrer Projekte generell genau wie auf die Entwicklung im einzelnen Projekt erstrecken.

Regelungen von US-GAAP und HGB

Ebenso wie die Grundsätze des KonTraG gehört Grundwissen zu den US-GAAP (Generally Accepted Accounting Principles) und den vergleichbaren IAS (International Accounting Standards) zum Basiswissen des Risikomanagements in Projekten. Da die in diesen international gebräuchlichen Rechnungslegungsvorschriften enthaltenen Grundsätze und Methoden frühzeitig Transparenz in die Projektbeurteilung bringen, sollten sich auch diejenigen Projektleiter damit vertraut machen, deren Unternehmen oder Projekte nicht zur Anwendung verpflichtet sind.

Die US-GAAP haben das Ziel, Kapitalgebern, also Gläubigern und Aktionären, bessere Informationen über den Geschäftsverlauf des Unternehmens, dem sie ihr Geld anvertrauen, zu liefern. Vor allem soll rechtzeitig auf mögliche Risiken hingewiesen werden. Dazu gehört für Unternehmen, deren Geschäft das Projektgeschäft ist und deren geschäftliche Risiken aus Risiken der Projekte stammen. Daraus wiederum folgt die Anwendung der Leitgedanken der US-GAAP für die Projektverfolgung und -beurteilung.

Shareholder besser informieren

Was für praktische Auswirkungen haben diese internationalen Regeln nun für Ihr Projekt- und Risikomanagement? Deutsche Unternehmen haben zunächst einmal nach den entsprechenden in Deutschland geltenden Regeln für Buchführung und Bilanzierung zu handeln. Diese sind im Steuerrecht, den Vorschriften des HGB und den darin enthaltenen Rechnungslegungsvorschriften, z. B. den „Grundsätzen ordnungsmäßiger Buchführung", niedergelegt. Daraus folgen dann entsprechende Informationen für den Projektleiter aus der Buchhaltung (z. B. Entwicklung der Kosten) bzw. Informationsbedürfnisse von dort an den Projektleiter.

Unternehmen, die an amerikanischen Aktienbörsen gehandelt werden wollen, müssen die Bilanz, die Gewinn- und Verlustrechnung (GuV) und die Kapitalflussrechnungen (auch) nach USamerikanischen Rechnungslegungsvorschriften erstellen. Dies wiederum hat Konsequenzen auf die Rechnungslegung im Projektgeschäft. Ein Unterschied besteht z. B. darin, dass die Rechnungslegungsperiode nach HGB auf eine jährliche, die der US-GAAP auf eine quartalsweise Erfolgsermittlung ausgelegt ist.

Bei Projekten, die über eine längere Zeit als eine Rechnungslegungsperiode laufen, müssen also Zwischenergebnisse (im Sinne von wirtschaftlichen Ergebnissen) ermittelt werden. Solch ein Zwischenergebnis wird ermittelt, indem die bis zu einem bestimmten Zeitpunkt geplante Leistung und die dafür geplanten Kosten mit dem tatsächlichen Leistungsfortschritt und den dabei entstandenen Kosten verglichen werden. Zeigt dieser Vergleich eine im Ist geringere Leistung und damit einen geringeren erbrachten Projektfortschritt als geplant, wird dadurch auf das Risiko eines möglichen Terminverzugs hingewiesen. Übersteigen die für die erbrachte Leistung im Ist entstandenen Kosten die, die für diese Leistung geplant waren, droht daraus eine Kostenüberschreitung im Gesamtprojekt.

Diesen schnelleren Ausweis des aktuellen Projekterfolges können Sie als Grundlage ansehen, gegenüber den drohenden terminlichen Risiken und/oder Kostenrisiken rechtzeitig gegenzusteuern. Zunächst sollen die Vorschriften zwar die Aktionäre und Gläubiger des Unternehmens schützen. Sie liefern jedoch auch für die unternehmensinterne Überwachung und Sie als Projektleiter wichtige Hinweise, indem sie Fragen nach der Entwicklung des Projekts stellen und auf Risiken aus möglichem Terminverzug und zu teurer Leistung hinweisen.

Es ist erfreulich, dass an und für sich selbstverständliche Elemente des Projektmanagement, die leider eben so selbstverständlich vernachlässigt werden, somit mit einem gewissen Zwang weiter verbreitet werden.

Generelles Vorgehen nach US-GAAP

Projektstruktur und Mitkalkulation einrichten

Prinzipiell muss zunächst die Abgrenzung des „Construction & Solution Business" (Projektgeschäft) erfolgen und eine allgemein im Unternehmen gültige Kategorisierung (Einteilung in A-, B-, C-

Projekte mit unterschiedlichem Detaillierungsgrad) eingeführt werden. Dazu gehört die allgemeingültige Regelung der Zuordnung entsprechender Projekt-, Controlling- und Risikomanagement-Anforderungen zu den einzelnen Kategorien. Dazu kann der absolute finanziellen Wert des Projekts herangezogen werden oder auch eine Eingruppierung wie zur Einführung in dieses Buch beschrieben erfolgen. Auf dieser Basis erfolgt dann die individuelle Einstufung des Projekts in die jeweilige Kategorie.

Zu Beginn des Projekts müssen Sie diesem zunächst eine Projektstruktur geben (engl. WBS = Work-Breakdown-Structure) und eine Mitkalkulation einrichten (engl. PoC = Percentage of Completion).

Für die Projektstrukturierung besteht prinzipiell die Möglichkeit, diese nach Leistungspositionen (fakturierte Teilleistungen zum Kunden/outputorientierte Leistungsstrukturen mit externem Fokus) oder nach Phasen bzw. Vorgängen (realisierungsbezogene Leistungsstruktur/interner Fokus) auszurichten. Aus beiden Möglichkeiten wird im Einzelfall die individuelle Projektstruktur gewählt. Häufig sind auch Mischformen zu beobachten. Risikomanagement beginnt schon hier, da besonders risikobehaftete Elemente des Projekts herausgehoben werden sollten, um ihre spätere Beobachtung zu erleichtern.

Dazu folgendes Beispiel: In einem Projekt soll im Rahmen einer größeren Gesamtaufgabe ein Modul zunächst als Prototyp entwickelt werden. Die Erkenntnisse über Kosten und Dauer für die Entwicklung dieses Moduls werden dann im noch laufenden Projekt zur Verfeinerung der Kalkulation benötigt, da dem Prototypen eine Vielzahl weiterer ähnlicher Elemente folgen. Der Prototyp ist also sowohl in der Terminverfolgung als auch in der Kostenerfassung so zu eliminieren, dass seine Entwicklung gesondert verfolgt werden kann und die Ergebnisse möglichst frühzeitig zur Verfügung stehen. Daraus folgt, dass der Prototyp ein separates Objekt im Strukturplan darstellt und einen separaten Weg oder „Balken" im Terminplan und ein eigenes Konto für die Kostenerfassung erhält.

Als Basis der anschließenden Leistungserfassung stehen generell zwei Verfahren zur Verfügung:

- Die PoC ermittelt nach der „Cost-to-Cost-Methode", d. h. die Ermittlung des Verhältnisses von aufgelaufenen Ist-Kosten zu aktuell kalkulierten Gesamtkosten. Aufgelaufene Ist-Kosten beinhalten die aktivierungspflichtigen Projektkosten. Ist-Kosten, die nicht dem Projektfortschritt dienen, sind herauszurechnen. Die so bereinigten Ist-Kosten werden auch als fortschrittsrelevante Kosten bezeichnet.

- Die PoC ermittelt nach der „Earned-Value-Methode", d. h. Vergleich von geplanten Kosten fertiger Projektelemente zu geplanten kalkulierten Gesamtkosten.

Beide Verfahren führen zu unterschiedlichen Ergebnissen. Die Kenntnis der Wege zur Ermittlung der Aussagen ist deshalb wichtig für ihre richtige Interpretation und die Abschätzung der Notwendigkeit von Maßnahmen.

Dies wird am besten anhand eines weiteren Beispiels deutlich: In einem Projekt gibt es unterschiedliche Arbeitspakete mit unterschiedlichen Plan- und (durch die Mitkalkulation festgestellten) Ist-Kosten. Im Moment sind die Arbeitspakete 1 und 2 fertig, das Paket 3 ist in Arbeit und 4 steht noch aus. Die Angaben zu PAC 1 und 4 sind Angaben zu Zahlungen des Kunden. In Abbildung 17 ist das Beispiel grafisch dargestellt.

Zahlenbeispiel			Bilanzstichtag (Arb.P. 3 sollte zu 50% fertig sein, ist tatschlich aber erst zu 20% fertig)			
	Arb. P. 1	Arb. P. 2	Arb. P. 3	PAC 1	Arb. P. 4	PAC 4	Gesamt
Kd. Preis				300		200	500
Plan- kosten	100	50	90		60		300
Mitkalk. Istkst.	120	60	20				330
Erwart. Restkst.			80		50		

Quelle: Siemens AG SPE KS Bln

Abbildung 17: Beispiel für die Erfassung der „Percentage of Completion"

Als Berechnungsergebnis ergibt sich bei beiden Verfahren ein unterschiedlicher Fertigstellungsgrad und damit ein ungleicher Hinweis auf mögliche Risiken bzgl. der Fertigstellung und den Gesamtkosten. Ausgewiesen werden folgende Fertigstellungsgrade:

Cost-to-Cost-Methode (aufgelaufene Ist- zu aktuell kalkulierten Gesamtkosten):120 + 60 + 20 = 200 dividiert durch 330 = 61 %

Earned-Value-Methode (geplante Kosten fertiger Arbeit zu geplanten Gesamtkosten):

100 +50 = 300 dividiert durch 200 = 50 %

Jetzt noch der Vergleich von HGB und US-GAAP. Im HGB gilt das Prinzip der „Completed Construction", d. h. Realisierung von Umsatz und Ergebnis erst nach Abschluss des Auftrags. Vorher erfolgt die Abgrenzung der entstandenen Kosten (ohne Vertriebskosten) in den Bestand (unverrechnete Leistungen).

Unterstellt wird jetzt, dass Arbeitspakete Teilprojekte sind, die noch einmal in sich differenziert betrachtet werden. Hätten dann z. B. bei Arbeitspaket 3 (geplanter Wert 90) plangerecht 50 % fertiggestellt sein sollen und wären erst 20 % tatsächlich fertig (bzw. 80 % noch zu erstellen), sähe die Rechnung nach der Earned-Value-Methode wie folgt aus:

Plan-Leistung = 100 + 50 + 45 = 195

Ist-Leistung = 100 + 50 + 18 = 168 (negative Leistungs- bzw. Terminabweichung, also Terminverzug)

Ist-Kosten = 120 + 60 + 20 = 200 (Ausweis der Kostenabweichung, zusätzliche Kosten gegenüber dem, was an Leistung erbracht wurde, neben dem Terminrückstand also anscheinend auch noch weniger Effizienz)

Nach HGB sähe die Rechnung wie folgt aus:

Aufgelaufene Ist-Kosten: 120 + 60 + 20 = 200

Herauszurechnender Vertriebskosten-Anteil z. B. 8 % = 16

Bilanzausweis (Pos. unfertige Erzeugnisse) 200 - 16 = 184

Das bedeutet, dass sowohl der drohende Terminverzug als auch die Kostensteigerungen und die anscheinende Ineffizienz nach der HGB-Rechnung nicht erkennbar wurden. Fasst man die Regeln zur Bilanzierung von Risiken noch einmal zusammen, ergibt sich folgende Differenzierung:

1. Risiken, die in der (Vor-) Kalkulation bereits enthalten sind, haben dort bereits das ausgewiesene Ergebnis gemindert und sind damit bei Eintreten ergebnisneutral (bzw. verbessern das Ergebnis, wenn sie nicht eintreten, sind also eine Chance). Im Sinne der Definition von Risiken am Anfang dieses Buches sind dies eigentlich keine Risiken mehr, da sie ja in der Planung berücksichtigt wurden.

2. Risiken, die im Projektverlauf zu Tage treten, sollen zur Bildung entsprechender Rückstellungen führen. Damit werden sie bereits in der Periode, in der sie entdeckt werden, im Ergebnis berücksichtigt und nicht erst am Ende.

3. Restrisiken, die vorher nicht entdeckt werden, wirken sich zum Projektende ergebnisverschlechternd aus.

Leider ist die Planung der Leistungs- und Kostenentwicklung in der Praxis nicht einfach. Dies liegt auch daran, dass häufig die eingesetzten Werkzeuge der Terminplanung (z. B. MS Project) und der Kostenrechnung (z. B. SAP) nicht auf solche Rechnungen eingestellt sind.

Ein weiteres Problem wird sich für Sie bei der Abschätzung der Fertigstellungsgrade des Projekts auftun. Sie werden gezwungen sein, den Zustand der Arbeitspakete und Vorgänge in drei mögliche Kategorien einzuordnen: „nicht begonnen", „begonnen" und „fertig". „Nicht begonnen" und „fertig" („100 % fertig" im Sinne von „es sind definitiv daran keine Arbeiten mehr nötig und zulässig") mögen noch eindeutige Zustände sein, der Grad der Fertigstellung einer begonnenen Arbeit ist vor allem bei nicht physikalisch messbaren Arbeiten häufig ein Problem.

Mein Tipp aus langer Erfahrung: Alles, was noch nicht zu 100 % fertig ist, gilt als erst zu 20% fertig – Ende der Diskussion. Das setzt natürlich eine entsprechende Gliederung im Projekt voraus. Gehen Sie daher davon aus, dass Sie solche Informationen in Nebenrechnungen evtl. nur grob ermitteln können – aber verzichten Sie deshalb nicht komplett darauf!

Achtung:
Führen Sie Verfahren zum Planen und Ermitteln von Leistungs- und Kostenentwicklung im Projekt ein. Sie schaffen sich damit ein grundlegendes Instrument, Ihr Projekt zu verfolgen und drohende Termin- oder Kostenüberschreitungen rechtzeitig zu erkennen. Die isolierte Aussage über die verbrauchten Kosten bzw. den erreichten Leistungsstand reichen Ihnen nicht, wichtig ist auch die Relation der beiden Größen zueinander.

Risikomanagement gleich Qualitätsmanagement?

Richtig verstanden müsste ein System des Qualitätsmanagements helfen, auch Risiken im Projekt zu mindern. Allerdings ist es so, dass mit der Zertifizierung eines Qualitätsmanagementsystems nach DIN bzw. ISO 9000 ff. zunächst nur sichergestellt ist, dass dieses den formalen Ansprüchen genügt. Das bedeutet, dass Handbücher und

Arbeitsanweisungen existieren, eingeführt sind und die Mitarbeiter unterwiesen wurden.

Zu hoffen ist und die Regel sollte sein, dass bei der Erarbeitung der entsprechenden Unterlagen auch nach inhaltlich richtigen Ausprägungen gesucht wurde – das ist leider nicht selbstverständlich, und das Zertifikat garantiert es noch lange nicht.

4.3   Risikomanagement und Mitkalkulation

Nachfolgend lernen Sie ein Schema und eine Vorgehensweise zur Mitkalkulation von Risiken und Chancen sowie Claims und Changeorders im Projekt kennen. Dazu sei zunächst an einige Grundprinzipien der Kalkulation erinnert: In der Vor- und später in den Mitkalkulationen werden Planwerte eingebracht, die, weil zukunftsorientiert, mit größeren oder geringeren Unsicherheiten belastet sind.

Aus dem zu erwartenden Erlös und den kalkulierten Kosten (später den angefallene Kosten und Schätzungen für den Rest) wird ein erwartetes Ergebnis für das Projekt ermittelt. Hierin sind also die im Moment der Kalkulation geplanten Umstände und Werte enthalten. Chancen und Risiken wurden eingangs als in der Planung nicht enthaltene Umstände und Größen definiert, die auf die geplanten Werte einen möglichen zusätzlichen Einfluss haben können. Das bedeutet, dass sie in der Planung, in der aktuellen Kalkulation und in dem dadurch ermittelten Ergebnis nicht enthalten sind. Es muss somit neben dem in der Kalkulation fortlaufend ausgewiesenen Ergebnis die Information über eine mögliche Korrekturgröße ermittelt werden, um den Korridor einer denkbaren Abweichung deutlich zu machen. Diese Informationen werden in nachfolgend „Nebenrechnung" genannten Schritte ermittelt und haben Korrekturwerte gegenüber der Kalkulation zur Gesamtbetrachtung zur Folge.

Risiken oder Chancen mit einer Wahrscheinlichkeit von weniger als 10 % sollten in solch einer Rechnung gar nicht berücksichtigt werden. Entweder sie sind existenzbedrohender Natur, dann müssen sie zu eliminiert, versichert oder anders berücksichtigt werden, oder sie sind von geringerer Bedeutung, dann können sie entfallen oder über allgemeinen Zuschlag „intern versichert" werden.

Risiken und Chancen, denen eine Wahrscheinlichkeit von über 80 oder 85 % zugeordnet wird, liegen mit dieser Wahrscheinlichkeit bereits im Bereich der Genauigkeit der übrigen Planwerte. Es ist deshalb nur logisch, sie dann ebenfalls in die Planung aufzunehmen und zwar mit 100 % ihrer angenommenen Wirkung. Aus diesen Überlegungen ergibt sich das nachstehende Berechnungsschema.

Das ursprüngliche Ergebnis der letzten Kalkulation korrigieren Sie wie folgt: Risiken mit einer Wahrscheinlichkeit (W) größer als 80 % werden mit 100 % ihres Wertes (geschätzte Tragweite in Geld ausgedrückt) ergebnismindernd berücksichtigt. Chancen mit einer W größer als 80 % werden mit 100 % des Wertes ergebnisverbessernd berücksichtigt.

(Anmerkung: Ergebnisverbessernd wirken ebenfalls Ergebnisse aus Nachträgen und akzeptierten Claims mit dem entsprechenden Wert, ergebnismindernd wirken zu akzeptierende Gegenclaims mit dem entsprechenden Wert. Diese zusätzlichen Möglichkeiten zur Veränderung des kalkulierten Ergebnisses bleiben aber in der nachfolgenden Betrachtung unberücksichtigt.)

In einer Nebenrechnung geht es nun weiter: Das fortgeschriebene Ergebnis (ausgewiesen in der Kalkulation) minus den Risiken mit W zwischen 20 % und 80 % mit gewichtetem Wert plus den Chancen mit W zwischen 20% und 80% mit gewichtetem Wert ergeben ein tatsächlich erwartetes Ergebnis des Projekts unter Berücksichtigung o. g. Elemente. (Diese Nebenrechnung dient zur Info und Korrektur des in der laufenden Kalkulation ausgewiesenen Ergebnisses für das Projektmanagement und den geschäftsverantwortlichen Business-Manager.)

Folgende Zahlen sollen die Rechnung über mehrere Perioden beispielhaft demonstrieren (W = Wahrscheinlichkeit, T = Tragweite, hier als finanzielle Auswirkung, gew. = gewichtet).

Ausgangssituation (erste oder Periode x des Projekts):

Das Ergebnis der aktuellen (Vor- oder Mit-) Kalkulation soll + 100 t€ betragen. Es bestehen folgende Risiken:

- Risiko 1 mit W = 50 % und T = 10 t€ => gew. 5 t€
- Risiken 2 bis n mit diversen W und T => gew. 25 t€

Daraus ergibt sich als Summe der Risiken: gew. 30 t€ Somit muss das voraussichtliche Ergebnis in einer die Risikosituation einschließenden zusätzlichen Gesamtbetrachtung auf + 70 t€ korrigiert werden.

Folgesituation (zweite oder Periode x+1 des Projekts – Risiko 1 ist wahrscheinlicher geworden):

Das Ergebnis der letzten Kalkulation ist +100 t €. Risiko 1 besteht jetzt mit W = 85% und T = 10 t€ => gew. 10 t€. (wird nun als Faktum mit 100 % in die Mitkalkulation aufgenommen und entfällt in der Risikoliste).

Die Summe der restlichen Risken 2 bis n mit verschiedenen W und T bleiben unverändert: gew. 25 t€.

Das Ergebnis der aktuellen Kalkulation ist + 90 t€.

Das voraussichtliche Ergebnis muss in einer Gesamtbetrachtung auf+ 65 t€ korrigiert werden.

Folgesituation (dritte oder Periode x + 2 des Projekts – es gibt die 50 %-Chance, dass der Kunde 40 % der Kosten für Risiko 1 bezahlt):

Das Ergebnis der letzten (Vor- oder Mit-) Kalkulation ist + 90 t€.

Die Chance aus R1 mit W = 50% und T = 4 t€ beträgt gew. 2 t€

Die Summe der restlichen Risken 2-n mit verschiedenen W und T ist unverändert gew. 25 t€.

Saldo und Summe aus aktuellen Risiken und Chancen sind gew. 23 t€.

Das Ergebnis der aktuellen Kalkulation lautet + 90 t€.

Das voraussichtliche Ergebnis muss in der Gesamtbetrachtung also auf + 67 t€ korrigiert werden.

Die Meilenstein-Trend-Analyse (MTA)

Die Meilenstein-Trend-Analyse (MTA) ist eine Methode zur vereinfachten, aber übersichtlichen Darstellung der Entwicklung der Planungen zu verschiedenen Zeitpunkten des Projekts und dem erreichten Ist im Projektverlauf. Gleichzeitig ist eine Prognose zukünftiger Termine bei ansonsten gleich bleibenden Bedingungen (Zeitdauern für die folgenden Arbeiten) ablesbar. Die MTA ist auch geeignet als Instrument der Management-Information oder zur Diskussion z. B. der Folgen von Terminverschiebungen, die durch Projektbeteiligte ausgelöst wurden, die in frühen Phasen des Projekts arbeiten.

Schneller Überblick über die Terminsituation

Die Meilenstein-Trend-Analyse ist einfach erlernbar und problemlos anzuwenden. Sie gibt einen schnellen Überblick, eignet sich für viele Projektarten und beschreibt die Terminsituation mit Blick auf das gesamte (Teil-) Projekt. Sie gibt Ihnen als Projektleiter oder im Management Verantwortlicher frühzeitig Hinweise auf Abweichungen und erfordert terminierte Projektphasen mit klaren, eindeutigen, messbaren Zwischenergebnissen (Meilensteine).

Die MTA sollte auf die Darstellung von max. 8-10 Meilensteinen beschränkt sein, an deren Reihenfolge sich auch nichts ändern darf (keine Überschneidungen der Trend-Linien). Wichtig für das Verständnis der Darstellungsform ist, dass die beiden Achsen (im Gegensatz zum klassischen Koordinatenkreuz) keinen gemeinsamen Nullpunkt haben. Vielmehr strebt eine Achse von unten nach oben (Achse der Plantermine), die andere von links nach rechts (Achse der Planungszeitpunkte).

Insgesamt liefert die MTA eine schnellen und übersichtlichen Eindruck über Stand und Entwicklung der Termine im Projekt. Zusammen mit Angaben zur Kostenentwicklung (KTA= Kostentrendanalyse) sowie zu Änderungen und Risiken wird ein z. B. auch für das obere Businessmanagement geeignetes Informationsinstrument geschaffen.

Achtung:
Nutzen Sie die MTA auch im Rahmen des Risikomanagements als schnelles und überzeugendes Mittel zur Darstellung der aktuellen Terminsituation und deren Folgen. Die meisten Menschen spricht solch eine einfache und übersichtliche Darstellung an – wenn sie sie einmal verstanden haben, und das dauert beim ersten Mal 10 Minuten. Warten Sie nicht erst auf Werkzeuge. Eine entsprechende Excel-Anwendung ist zwar schnell geschrieben, aber ein Blatt kariertes Papier, ein Lineal und ein Bleistift tun es auch. Schneller als von Hand können Sie mit diesem Instrument gar nicht arbeiten.

Fazit

- Machen Sie sich und Ihre Mitarbeiter mit den rechtlichen Vorschriften, die Ihr Projekt betreffen können, vertraut.
- Nutzen Sie die Rechnungslegungsvorschriften von US-GAAP und IAS auch als Ansporn für effektives Risikomanagement.
- Führen Sie Verfahren zur Ermittlung der Leistungs- und Kostenentwicklung im Projekt ein.
- Nutzen Sie die Meilenstein-Trend-Analyse als einfaches Planungsinstrument.

5 Maßnahmen umsetzen und Erfahrungen dokumentieren

Nachdem Sie Risiken und Chancen im Projekt erkannt und beurteilt haben, Maßnahmen ableiten konnten und dabei die kaufmännischen und rechtlichen Aspekte berücksichtigt haben, steht Ihnen nun noch bevor, sämtliche Maßnahmen umzusetzen, zu überwachen und den Erfolg für weitere Projekte zu dokumentieren und nutzbar zu machen.

„Es gibt nichts Gutes, außer: Man tut es" – hier kann Erich Kästner nur Recht gegeben werden. Und nicht zuletzt wollen Sie aus dem Projekt lernen, denn schließlich ist es langweilig, immer wieder die gleichen Fehler zu machen. Da sind neue Fehler doch viel spannender! Wie gehen Sie also weiter vor?

5.1 Begründet entscheiden und handeln

Als Projektleiter streben Sie den Erfolg des Projekts an, und zwar in technischer, terminlicher und wirtschaftlicher Hinsicht. Der persönliche Erfolg eines Projektleiters wird über den (Einzel-) Erfolg dieses, seines Projekts definiert – nur dieser Erfolg steht für ihn zunächst im Vordergrund. Somit muss der Projektleiter als „Projekt-Egoist" agieren. Andere Projekte oder projektübergreifende Betrachtungen betreffen ihn aus dieser Sicht zunächst einmal gar nicht oder nur am Rande.

Der Gesamterfolg einer Organisationseinheit, eines Bereichs oder eines Unternehmens leitet sich nun aber aus der Gesamtheit der Einzelerfolge aller Projekte ab. Entscheidend dafür sind die Summe und das Maximum der Ergebnisse aller Projekte, nicht das Maximum des einzelnen.

Als Projekt-Egoist muss der Projektleiter für sein Projekt nur das Beste verlangen: die fähigsten Mitarbeiter, den schönsten Teamraum usw. Ebenso müsste er nach maximaler Risikovorsorge trachten, denn je mehr hier getan wird, desto größer werden seine Aussichten auf Erfolg. Allerdings werden die anderen Projektleiter diese Forderungen ebenso stellen. Allgemeine Maximalforderungen führen aber keineswegs zum Optimum über alle Projekte. Ebenso müssen dem Streben nach Sicherheit die dadurch entstehenden zusätzlichen Kosten gegenübergestellt werden.

Die Beachtung der projektübergeordneten Aspekte obliegt dem geschäftsverantwortlichen Business-Manager, der auch die Verantwortung für das (wirtschaftliche) Ergebnis des gesamten Geschäfts trägt. Als wirtschaftliches Ergebnis wird einmal das Ergebnis einer tatsächlichen geschäftlichen Tätigkeit mit externen Kunden angesehen. Ebenso zählt dazu aber auch das Ergebnis der Projekte aus der Verwendung eines Budgets, z. B. die Erfolge einer Entwicklungsabteilung ohne unmittelbaren wirtschaftlichen Geschäftserfolg.

In der Regel werden Business-Manager und Kunde nicht identisch sein. Der Kunde ist vielmehr Auftraggeber an die ausführende Organisationseinheit, geführt vom Business-Manager, in der der Projektleiter angesiedelt ist und für die er dann den Auftrag, das Projekt, erfüllt.

Als Business-Manager innerhalb einer Organisation können beispielsweise fungieren:

- Der Leiter eines Geschäftsbereichs mit mehreren Projekten und Projektleitern bei verschiedenen Kunden im Verlauf des Jahres. Sein Verantwortungsbereich arbeitet wie eine bilanzierende Einheit (oder ist eine solche), und am Ende des Geschäftsjahres wird ein wirtschaftliches Betriebsergebnis ermittelt.
- Der Leiter einer Entwicklungsabteilung, für die ein bestimmtes Jahresbudget zur Verfügung steht und aus der (verkaufsfähige) Produkte entstehen sollen. Der Erfolg wird z. B. daran gemessen, wie viele marktfähige Produkte aus den eingesetzten Mitteln entstanden sind.

- Der Leiter der Fachabteilung eines Unternehmens, in der gleichzeitig in bestimmter Zeit und mit einem bestimmten Budget ein Projekt abgewickelt werden soll (z. B. Einführung eines neuen Software-Moduls im Rechnungswesen).

Beim Business-Manager liegt die Verantwortung und Entscheidungsgewalt bei Risiken. Das gilt für die Formulierung der generellen Risikostrategie für das gesamte Projekt wie auch für die einzelnen Risiken. Generelle Entscheidungen sind auch solche zum Risikoverhalten allgemein, zum Procedere der Information, zur Abwicklung des Risikomanagements und zur Vorgabe von Maßzahlen, z. B. die Vorgabe, dass nur Risiken eingegangen werden, denen eine gleichrangige Chance gegenübersteht oder dass Risiken generell besser nicht eingegangen werden und eher auf den Auftrag verzichtet wird. Der Business-Manager entscheidet auch über regelmäßige Sitzungen zum Projekt und legt bestimmte Eskalationsstufen fest.

Als Basis der Zusammenarbeit zwischen Business-Manager und Projektleiter sollten diese eine schriftliche „Projektleitervereinbarung" abschließen. In dieser werden die Rahmendaten zum Projekt ebenso dokumentiert wie einzelne Entscheidungen – auch über Risiken. Das Projektcontrolling wacht dann darüber, dass alles dies auch eingehalten wird.

Risiken und Controlling-Aufgaben im Projekt

Mit dem Projektcontrolling betreiben Sie eine Form von Risikomanagement. Indem Sie Ist- gegen Sollwerte abprüfen und Maßnahmen zur Steuerung ableiten, begrenzen Sie Risiken. Es nicht die Frage, ob in einem Projekt Controlling stattfinden sollte, sondern lediglich, wie dieses Controlling aufzubauen ist. Inhaltlich wird zwischen betriebswirtschaftlichem und prozesstechnischem Controlling unterschieden. Das erstere hat die Entwicklung von Aufwand und Kosten zum Gegenstand, das zweite den Projektfortschritt und die Zielerreichung. Betriebswirtschaftliches Controlling ist auf Risiken und Chancen aus kaufmännischer und vertraglicher Sicht gerichtet, prozesstechnisches Controlling auf die aus Termin- und Leistungsfortschritt.

Zunächst einmal ist Controlling im Projekt eine Ihrer Teilaufgaben als Projektleiter im Rahmen der Projektleitungsfunktionen. Diese Funktion wird auch als „projektinternes Controlling" bezeichnet. Projektinternes Controlling organisiert und realisiert also auch projektinternes Risikomanagement.

Der Business-Manager als Führungskraft des Projektleiters gibt diesem Vorgaben und Direktiven für sein Projekt. Gemäß den Grundsätzen einer ordentlichen (Personal-) Führung gehört es zu den Pflichten einer Führungskraft, anschließend auch zu überwachen, dass die Vorgaben eingehalten werden und ggf. steuernd einzugreifen, also zu „controllen". Diese Funktion wird hier „projektexternes Controlling" genannt.

Das projektexterne Controlling obliegt immer dem Business-Manager. Realistisch gesehen wird dieser es aber nicht alleine für alle Projekte seines Verantwortungsbereichs wahrnehmen können. Die Grenze liegt in einem Geschäftsgebiet bei etwa acht Projekten – mit entsprechend vielen, jeweils hauptamtlichen Projektleitern –, die von einem Business-Manager noch verfolgt, beurteilt und entschieden werden können. Darüber hinaus wird es notwendig sein, dass der Business-Manager diese Funktionen und Aufgaben an projektexterne Controller delegiert. Diese sind seine „Projektbrille" und unterstützen und beraten ihn bei seinen Entscheidungen, ohne diese allerdings vorwegzunehmen.

Achtung:
Wenn keine eigene Abteilung besteht, dann organisieren Sie das externe Controlling am besten zunächst aus dem Kollegenkreis der Projektleiter heraus. Die Funktion des Controllers wird dabei im Wechsel von einem Projektleiter für einen anderen wahrgenommen. Auf jeden Fall sollte der Controller genügend Fachwissen mitbringen, damit sie tatsächlich mit konstruktiver Kritik dem Projektleiter Unterstützung bieten.

Ein wesentlicher Teil des Controlling-Prozesses bezieht sich auf das Controlling der Risiken und der Gegenmaßnahmen. Dies beginnt bereits bei der Risiko-Identifikation und -Analyse, wo der Projektleiter Unterstützung durch den oder die Controller erfahren sollte.

Aus betriebswirtschaftlicher Sicht können dies z. B. Hinweise auf Risiken aus vertraglichen Modalitäten oder nachteiligen Zahlungsbedingungen sein. Aus dem prozesstechnischen Controlling können Hinweise auf vielleicht zu optimistische Terminplanung oder Lücken in den kalkulierten Leistungen kommen, die dann zu ergänzen sind. Dabei soll es möglichst nicht bei reiner Kritik bleiben, sondern der Controller sollte auch Hinweise zur Verbesserung machen.

Als Projektleiter sollten Sie das Controlling nicht als lästige „Kontrolle" sehen, sondern als Hilfe. Am Ende zählt der Projekterfolg insgesamt – unabhängig von der Frage, ob und wie oft der Projektleiter Hinweise auf mögliche negative Abweichungen bekommen hat. Somit ist die Organisation und Realisation des Projektcontrollings eine Entscheidung zugunsten aktiven Risikomanagements.

Die unterstützende Funktion wird besonders deutlich, wenn Sie sich vor Augen halten, dass Business-Manager und Projektleiter zwar prinzipiell das gleiche Interesse, nämlich den Erfolg des Projekts haben, im Detail aber ein wesentlicher Unterschied besteht: Für den Projektleiter wird mit der verabschiedeten Kalkulation und den darin mit berücksichtigten Maßnahmen die Messlatte für die Feststellung seines Erfolges bestimmt. Je mehr Vorsorgemaßnahmen er also genehmigt bekommt, desto risikoärmer wird das Projekt für ihn. Für den Business-Manager ist die Situation etwas anders. Auch er will zwar den risikoarmen Projekterfolg, andererseits vermindert jede Maßnahme von vornherein das zu erwartende wirtschaftliche Ergebnis als Beitrag zu dem von ihm zu vertretenden Gesamtergebnis.

Es besteht also ein Zielkonflikt, und gerade zu dessen Lösung tragen die Controller bei. Als neutrale Dritte ist es ihre Aufgabe, hier zu einem vernünftigen Interessenausgleich beizutragen. Auch an dieser Stelle wird deutlich, dass der Controller eine Unterstützung für den Projektleiter ist, sowohl bei der Analyse von Risiken, als auch bei der Durchsetzung der Maßnahmen. Ist dies akzeptiert, wird der Projektleiter das Controlling nicht mehr als lästig empfinden, sondern wird es sogar einfordern, weil es ihm hilft, erfolgreich zu arbeiten.

Projektstatus- und Projektentscheidungs-Sitzungen (PSS/PES) durchführen

Was Sie nun über Entscheidungsprozesse lesen werden, entspricht leider noch nicht dem allgemeinen Standard in Unternehmen und Institutionen, die Projektmanagement betreiben. Es ist dennoch die in jedem Fall empfehlenswerte Vorgehensweise. Bei diesem Vorgehen soll sichergestellt werden, dass alle, aber auch nur diejenigen in die Entscheidungsfindung eingebunden werden, die etwas dazu beitragen müssen bzw. sollen.

In Projektstatus- und Projektentscheidungs-Sitzungen können Sie diesen Anforderungen gerecht werden. Es handelt sich dabei um strukturierte und institutionalisierte Projektmanagement-Sitzungen. In einer Projektstatus- und Projektentscheidungs-Sitzung (PSS/PES) werden managementbezogene Anforderungen seitens des Projektleiters und des geschäftsverantwortlichen Entscheiders (Business-Managers) vorgebracht, verbindlich entschieden und protokolliert.

Management-fragen von technischen Fragen trennen

Fachtechnische Probleme werden dabei nur angesprochen, soweit dies zum Verständnis von Managementfragen nötig ist. Bei Bedarf können getrennte technische Projektbesprechungen vereinbart werden. In der Regel ziehen Sie zu diesen dann weitere Fachleute hinzu, während andere Teilnehmer der PES/PSS, z. B. Business-Controller, darin nicht benötigt werden. Für die PSS/PES ist eine Standard-Tagesordnung sinnvoll, die innerhalb von insgesamt ca. 90–120 Minuten zu bewältigen sein sollte.

Wichtig für eine solche Sitzung ist insbesondere eine gute Vorbereitung durch den Projektleiter. Es reicht also nicht, wenn Sie als Projektleiter Probleme oder Risiken nur benennen, sondern Sie müssen auch Hinweise und Ideen für eine mögliche Lösung geben. Zu einer solchen Sitzung sollte deshalb etwa eine Woche vorher eingeladen werden und die Planungsunterlagen sollten beigefügt sein.

Grundsätzlich empfiehlt es sich bei jeder größeren Besprechung, diese von einer Person moderieren zu lassen. Dies gilt auch für die

PSS/PES. In einer solchen Sitzung können Teilnehmer dann durchaus unterschiedliche Ziele verfolgen und ihre Themen kontrovers diskutieren. Ein Beispiel dafür liefert der bereits angesprochene, mögliche Interessenkonflikt bezüglich der Intensität von Maßnahmen zur Risikovorsorge, wie er zwischen Projektleiter und Business-Manager entstehen kann. Daraus wird übrigens auch ersichtlich, warum keiner dieser beiden Personen die Moderation übernehmen sollte!

Aufgabe des Moderators ist es, während der Sitzungen Zwischenergebnisse abzufragen und das Gesamtprotokoll zu erstellen. Die Moderation durch den Projektleiter ist ausnahmsweise möglich, wenn Projektteam und Projektleiter gemeinsam an einer fachlichen Lösung arbeiten.

Grundsätzlich wird unterschieden zwischen zeitabhängigen Sitzungen (z. B. „jeden Montag 9.00 Uhr"), ergebnisabhängigen Sitzungen („wenn eine bestimmte Eskalationsstufe bei den Risiken überschritten ist") und ereignisabhängigen Sitzungen („folgendes Risiko ist unerwartet aufgetreten"). Bei den PES/PSS wird es sich in der Regel um Sitzungen des zweiten, aber auch um solche des drittgenannten Typs handeln. Besonders das Auftreten von neuen Risiken oder das Überschreiten von Eskalationsstufen lösen diese aus. Hier wird auch noch einmal deutlich, wie wichtig deren Formulierung ist.

Projektentscheidungs-Sitzungen sind immer nötig, wenn tatsächlicher Entscheidungsbedarf besteht. Dazwischen sind projekt- und ergebnisabhängige Sitzungen (in der Regel vom Projektleiter) einzuberufen. Alternativ fordert sie der Business-Manager (z. B. im Krisenprojekt). Das Kick-off-Meeting zum Projektstart ist deshalb noch keine Entscheidungssitzung, da hier zwar Aufgaben besprochen und zugeordnet werden, aber eben noch keine Entscheidungen fallen, allein schon, weil es an dafür notwendigen Unterlagen fehlt. Und was Risiken und Chancen betrifft, so sind diese erst einmal zu analysieren und es sind Maßnahmen zu planen.

Die Ergebnisse der tatsächlichen Start-Sitzung nach der Projektplanung bilden auch die Grundlage für die Projektleiter- oder Projektmanager-Vereinbarung, in der Projektleiter und Business-Manager die Grundlagen und Projektziele schriftlich festhalten. In dieser Vereinbarung werden die Verbindlichkeit der Planung als Grundlage für die weitere Projektbearbeitung festgelegt und außerdem weitere, nicht in der Planung explizit ausgewiesene Faktoren bestimmt. Wichtig ist, dass diese Vereinbarung schriftlich geschlossen wird. Sie ist von beiden, Projektleiter und Business-Manager, zu unterschreiben.

Sie können dabei auch projektübergreifende Faktoren festschreiben. Sollten sich die Umstände und Anforderungen während des Projektverlaufs ändern, korrigieren Sie daraufhin die Projektleiter-Vereinbarung und legen neue Maßstäbe zur Projektbeurteilung und Erfolgsmessung fest.

Mögliche Konflikte

Ein Beispiel für die Entscheidungsfindung sowie die Vorgehensweise zwischen Business-Manager und Projektleiter ist die Lösung einer Konfliktsituation: Es kann sich im Projektverlauf ergeben, dass ein Projekt (P1) in eine Krise gerät und daher von der ursprünglich geplanten Vorgehensweise abgewichen werden muss. Der Grund kann sein, dass aufgetretene Risiken mehr Geld- oder Personaleinsatz verlangen, erhebliche Änderungswünsche des Kunden das Projekt verändern, Verspätungen in der Projektabwicklung eintreten oder das Projekt technische Probleme aufwirft.

So kann es notwendig werden, einen ursprünglich für ein anderes Projekt (P2) vorgesehen Mitarbeiter dort abzuziehen und in P1 einzusetzen. Für den Projektleiter von P2 bedeutet dies natürlich Nachteile für sein Projekt, für die er nicht mehr verantwortlich ist. Aus übergeordneter Sicht entscheidet der Business-Manager des Geschäftsbereichs (GB 1), dass der durch die Versetzung bei P2 entstehende Nachteil geringer ist, als der, der ansonsten bei P1 entstünde. Die Situation zwischen beiden Projekten und damit der Erfolg der Projekte im GB 1 insgesamt werden also optimiert.

5.2 Wie Sie Ihr Wissen bewahren: Knowledge-Management

Erfahrungen zu erfassen, zu verarbeiten und für zukünftige Projekte nutzbar zu machen, ist besonders wichtig für einen ordentlichen und geordneten Projektabschluss. Hier schließt sich auch ein Kreis: Regeln und einheitliche Methoden zum Projekt- und Risikomanagement haben den Sinn, Vorgänge wiederholbar und damit Erfahrungen verwertbar zu machen. Die Voraussetzung dafür ist allerdings, dass Sie sich auch wirklich mit dem abgelaufenen Projekt auseinander setzen und die Erfahrungen auswerten und dokumentieren.

Jedes Projekt verlangt also nach einem geordneten Abschluss (Project-close-out). Ziel eines geordneten Projektabschlusses sowie einer entsprechenden Abschlusssitzung ist vor allem eine konstruktiv-kritische Analyse. Leitfragen dazu lauten etwa:

Analyse bei der Abschlusssitzung

- Was sollte mit dem Projekt erreicht werden und was davon haben Sie erreicht?
- Warum haben Sie Erfolge erzielt und warum haben Sie anderes nicht erreicht?
- Wo lagen Sach- und Methodenfehler und was können Sie zukünftig besser machen?

Um hier Antworten zu finden, ist eine offene Unternehmenskultur notwendig, die eine Diskussion von Problemen und Fehlern ohne Schuldzuweisung erlaubt. Machen Mitarbeiter hingegen die Erfahrung, dass sie für beinahe gemachte Fehler ebenso „bestraft" werden, wie für die, sie tatsächlich machen, wird das die Kommunikationsfreude entscheidend dämpfen.

Ein Beispiel für eine vorbildliche Unternehmenskultur ist dagegen dies: Ein noch unerfahrener Projektleiter hat durch ein Versehen im Projekt einen Schaden von einigen tausend Euro verursacht und zu vertreten. Deswegen völlig zerknirscht, trägt er dem vorgesetzten Business-Manager seine Kündigungsgedanken vor. Die Antwort des

Business-Managers: „Sie bleiben. Wir haben gerade ein paar tausend Euro in Ihre Ausbildung investiert." So geht es auch.

Die alleinige Dokumentation und Archivierung reicht als passives Verhalten allerdings nicht aus. Vielmehr ist es notwendig, einen aktiven Prozess und Mechanismus zur Weitergabe von Erfahrungen einzuführen. „Knowledge-Management" ist mehr als nur ein modisches Schlagwort. Möglichkeiten und Wege dazu bieten sich durch die strukturierte und möglichst gleichartige Verarbeitung der Vorgänge.

Achtung:
Etablieren Sie formalisierte Abläufe, um Fehler zu vermeiden und Geschehnisse nachvollziehbar zu machen. Entwickeln Sie dafür, z. B. mithilfe von Kenngrößen und Klassifizierungen, einen gewissen Abstraktionsgrad, der es erleichtert, Erfahrungen projektübergreifend zu verwerten und bereits erreichte Wissensstände zu reaktivieren.

Checkliste: Wie weit sind Sie im Management von Risiken und Chancen?

- Gibt uns bei uns eine Organisations- und Arbeitsanweisung, in der Risiko- und Chancenmanagement verbindlich festgelegt sind?
- Gibt es eine Liste aller allgemeinen und projektspezifischen Risiken?
- Ist ein fortlaufender Risikoentdeckungsprozess installiert?
- Werden Zusagen nur mit Hinweisen auf Unsicherheiten gegeben?
- Gibt es sowohl Zielvorgaben (engagiert) als auch Abschätzungen zur Umsetzung (realistisch)?
- Gibt es ständig überwachte Eintrittsindikatoren für Risiken?
- Gibt es Pläne zur Risikoverminderung und Eventualfälle?
- Werden die Risiken der Höhe nach evaluiert?
- Gibt es eine Nutzwertschätzung für das Projekt?
- Gibt es eine Versionsplanung für den Notfall?

Fazit

- Als Basis der Zusammenarbeit zwischen Business-Manager und Projektleiter sollten diese eine schriftliche „Projektleitervereinbarung" abschließen.
- Betrachten Sie Controlling nicht als lästige Kontrolle, sondern als Hilfe, um erfolgreich zu arbeiten.
- Führen Sie Projektstatus- und Projektentscheidungs-Sitzungen (PSS/PES) durch. Dabei sollten in der Regel weder der Projektleiter noch der verantwortliche Business-Manager als Moderator agieren.
- Sorgen Sie für einen geordneten Projektabschluss, bei dem Sie Ihre Erfahrungen erfassen, verarbeiten und für zukünftige Projekte nutzbar machen.

Anhang A
Suchfelder für Risiken und Chancen

Nachstehend werden Suchfelder beschrieben, in denen Sie Risiken anhand bestimmter Themenschwerpunkte identifizieren können. Die Themen stellen also keine Checkliste dar, sondern sind als „systematisierte Anleitung zum freien Nachdenken" gedacht. Sie bilden ein Bindeglied zwischen Checklisten mit geschlossenen Fragen und den in Kapitel 1 vorgestellten Kreativitätstechniken.

Die Suchfelder sind hier in acht Hauptbereiche aufgeteilt:

- Technik (technische Machbarkeit)
- Projektdurchführung (Hilfsmittel und Logistik)
- Verträge
- Zulieferer, Subunternehmer
- Personal, Organisation
- Kommerzielles
- Überregionale und politische Voraussetzungen
- Besonderheiten im Ausland

Diese Gliederung entspricht auch der Grundeinstellung der Software RMS auf der beigefügten CD, ist dort aber jederzeit zu ändern und frei editierbar. Die dabei genannten Fragen sind Anregungen zur Diskussion und somit keineswegs erschöpfend. Die Hinweise sind allgemeingültig einsetzbar, jedenfalls mit ein wenig Fantasie und Abstraktionsvermögen

Typische Risikofelder

Die folgende Risiko- und Chancenanalyse ist durchgehend nach dem Muster Risiko-„Thema", Fragen und ggf. Beispiele aufgebaut.

Fragen im Bereich „Technik und technische Machbarkeit"

Thema: Eindeutigkeit und Vollständigkeit der Projekt- und Zielbeschreibung

Fragen: Sind die Ziele mit dem direktem Auftraggeber, der die fachlichen Anforderungen bestimmenden Instanz und dem zukünftigen Anwender abgestimmt? Sind deren Vorstellungen identisch?

Beispiel: Ein IT-Projekt wird aufgrund kundeninterner Kapazitätsprobleme an einen externen Dienstleister vergeben. Es handelt sich dabei um ein System zur Organisation der Abrechnung von Service-Leistungen. Direkter Auftraggeber ist die IT-Abteilung des Kunden, die fachlichen Aspekte regelt das Rechnungswesen, während die Anwendung selbst durch die Abteilung Kundenservice erfolgt. Es ist leicht vorstellbar, dass alle drei Gruppen unterschiedliche Vorstellungen haben.

Thema: Funktionale oder technische Aufgabenbeschreibung, eindeutige Festlegung von vor- und nachgelagerten Prozessen gegenüber dem Projektergebnis, In- und Output.

Fragen: Welche Form wurde für die Beschreibung der Leistungen gewählt? Handelt es sich um bereits kundenseitig vorformulierte (technische) Lösungen oder um Beschreibungen der Funktionalität? Steht fest, wie das spätere Projektergebnis sich in die übergeordnete Organisation beim Anwender einbinden lassen wird?

Achtung:
Die Begriffe „technische Beschreibung" und „funktionale Beschreibung" der Lösung haben nichts mit „Genauigkeit" oder „Ungenauigkeit" zu tun. Auch eine funktionale Beschreibung kann sehr genau

sein, sie zeichnet aber das Bild aus der Sicht des Anwenders, der eine andere Perspektive hat als die das Projekt Realisierenden.

Beispiel: Der Handy-Nutzer fordert eine Telefonbuch-Funktion mit detaillierten Leistungsmerkmalen in seinem Gerät; der Handy-Entwickler kann diese in der SIM-Karte, in einem extra Chip oder anders realisieren.

Thema: Genauigkeit und Eindeutigkeit des Lasten- oder Pflichtenheftes und des Verzeichnisses zu erbringender Leistungen. (Das Problem beginnt hier damit, dass schon diese Begriffe nicht eindeutig, teilweise sogar widersprüchlich angewendet werden. Bezeichnungen wie „Lastenheft" und „Pflichtenheft", „Leistungs- und Anforderungsbeschreibung" gehen von Branche zu Branche, teils sogar von Anwender zu Anwender anders.)

Fragen: Wie groß sind die Spielräume für Auslegungen? Sind Ziele und Voraussetzungen des Projekts eindeutig in Verträgen, Leistungsverzeichnissen, Spezifikationen oder ähnlichem schriftlich niedergelegt?

Beispiel: Dies ist relativ einfach beim Projekt einer technischen Anlage („die verwertbare Produktion muss sich belaufen auf ..."), schwieriger bei einem Marketing-Projekt („der Bekanntheitsgrad des neuen Produkts im Gebiet Nielsen IV soll sich belaufen auf ...") und fast unmöglich z. B. bei einer Informationsveranstaltung („die Besucher sollen einen Eindruck bekommen von ...").

Thema: Grundsätzliche technische Machbarkeit

Fragen: Wird die mit dem Projektergebnis geforderte oder erwartete Leistung und Funktionalität erreicht werden? Gibt es u. U. einander widersprechende technische oder funktionale Anforderungen? (Auch wenn technische Probleme nicht die häufigste Ursache für das Scheitern von Projekten ist, kommt es doch vor, dass sich Projekte als nach gegenwärtigem Stand der Technik nicht realisierbar erweisen.)

Thema: Reifegrad der Technik, Erfahrungen mit der Technik

Fragen: Sind die für die Lösung vorgesehenen Techniken (Techniken hier i. w. S., also ggf. auch organisatorische Lösungen) erprobt? Gab es Anwendungen in anderen Fällen? Wie sind die Erfahrungen?

Thema: Garantiewerte, verfahrenstechnische Garantien und andere Zusagen

Fragen: Welche Leistungsmerkmale und andere Prüf- und Abnahmekriterien sind festgelegt? Wie kann deren Erreichen festgestellt werden? Unter welchen Voraussetzungen soll das Projektergebnis arbeiten, welchen Input verlangt es für seine Arbeit?

Thema: Erfahrungsstand des Kunden

Fragen: Wie erfahren ist der Kunde? Weiß er selbst, was er will? Sind seine Anforderungen stabil? Wird er für uns ein adäquater Ansprechpartner sein oder versteht er sogar mehr von der Problematik als wir?

Thema: Schnittstellen zu fremder Technik (von Dritten zu erbringende Teilleistungen im Projekt)

Fragen: Wird im Projekt ein Teil der Gesamtleistung von anderen erbracht? Arbeiten diese nicht unter unserer Regie, sondern der eines Gesamt-Projektleiters? Welche Abhängigkeiten bestehen? Sind die Nahtstellen zwischen unseren Leistungen und den Leistungen anderer abgegrenzt?

Thema: Schnittstellen zu vorhandener Technik (fremdgeschaffene Voraussetzungen)

Fragen: Wird abhängig vom Projekt unsere Leistung als Teil einer bereits vorhandene Gesamtleistung eingebracht? Sind die Nahtstellen zwischen unseren und den vorhandenen Leistungen klar? Gibt es Dokumente oder Ansprechpartner? Werden die Techniken überhaupt zusammenpassen?

Beispiel: Eine bestehende technische Anlage soll eine neue Steuerung erhalten, die vorhandenen DV-Programme sollen unter einem neuen Betriebssystem laufen, der neue Abwicklungsmodus soll in die bisherige Büroorganisation passen. Wird das funktionieren?

Thema: Besondere Anforderung aus Referenz-, Konkurrenz- und anderen Gründen

Fragen: Gibt es weitere, nicht bei den Projektzielen direkt definierte Anforderungen oder Erwartungen? Findet das Projekt z. B. eine besondere Beachtung in der Öffentlichkeit? Soll es als Referenz in der Fachwelt oder beim Kunden dienen?

Thema: Strategische Position des Projektziels im Unternehmen

Frage: Wie wird das Projekt unternehmensintern eingeordnet? (Ein Projekt, aus dem die strategische Entwicklung des Unternehmens abgeleitet wird, findet sicherlich leichter auch interne Unterstützer als eines, das ungeliebt ist und „nebenher" abgewickelt wird.)

Fragen im Bereich Projektdurchführung, Hilfsmittel und Logistik

Thema: Mit dem Kunden abgestimmte und von diesem verstandene Projektabwicklung

Fragen: Werden die von uns unterstellte Form der Abwicklung und die Regelungen dazu auch vom Kunden und von anderen Partnern anerkannt? Müssen wir uns anderen Regeln beugen?

Thema: Klare Schnittstellen bei den Verantwortungsbereichen, Entscheidungsbefugnissen und Terminen

Fragen: Besteht eine eindeutige, anerkannte und gelebte Gesamtorganisation im Projekt? Können Entscheidungen eindeutig und schnell genug getroffen werden? Sind die Termine allgemein bekannt und anerkannt?

Thema: Klare Abstimmungen bzgl. Einzelheiten und besonderen Leistungen im Projektablauf

Fragen: Sind die wichtigen Einzelheiten im Projektablauf für alle Beteiligten klar und eindeutig geregelt? Werden je nach Projekttyp und -inhalt klare Genehmigungs-, Review- und Freigabeprozeduren vorgegeben (z. B. zu Beistellungen und Vorleistungen)?

Thema: Klare Regeln zur Dokumentation (Form, Sprache)

Fragen: Sind die Regeln zur Dokumentation klar? Bestehen z. B. bestimmte Vorstellungen zur Form und Formatierung der Dokumentation, werden bestimmte Programme und Versionen gefordert (nicht nur für schriftliche Dokumente sondern z. B. auch für die Terminplanung)? Sind Anzahl der Dokumente und Sprache vereinbart und festgeschrieben?

Thema: Realistische Terminplanung

Fragen: Sind die geplanten Termine realistisch und werden sie vom Projektleiter anerkannt? Entstammen sie einer aus den Aufgaben und der Projektstruktur abgeleiteten Aufwandsschätzung und Kalkulation? Gab es externe (z. B. politische) Vorgaben und Einflussnahmen?

Thema: Logistikfragen (Transporte und Lagerungen), Zugangsmöglichkeiten

Fragen: Sind unsere Arbeiten vor Ort oder beim Kunden geregelt? Wie sind die Möglichkeiten des Zugangs und vorherigen Zutritts zum Ort der Leistungserbringung? Wie können wir von uns zu tätigende Beistellungen einbringen? Werden wir Zugriff auf Kundeneinrichtungen im angenommenen Maße haben? (Bspw. Zugriff auf den Kundenrechner zum Test einer eigenen Software, Möglichkeit des Tests einer Komponente unter realen Bedingungen)

Thema: Regelungen für die Zeit nach dem Projekt

Fragen: Gibt es klare Vorstellungen über Zuverlässigkeit, Wartbarkeit und Ersatzteilversorgung des zu liefernden Projektergebnisses? Bestehen klare Regeln zu Einsatz und Verbleib von im Projekt eingesetzten Werkzeugen?

Beispiel: Teilweise ist es üblich und sinnvoll, z. B. bei Projekten im Anlagenbau, eingesetzte Spezialwerkzeuge im Anschluss an das Projekt ins Kundeneigentum übergehen zu lassen. – Nur wo liegen die Grenzen, wenn sie nicht vereinbart sind? Gibt es klare Regeln zu Gewährleistungsfrist und nachfolgender Zeit (Follow-On-Service), einschließlich der Betreuung in der Betriebsphase (eigene Verantwortung und Erwartungen an Unterauftragnehmer und Zulieferer)?

Thema: Grad der Abhängigkeit vom Auftraggeber

Fragen: Wie abhängig sind wir vom Auftraggeber? Wie erfolgreich werden wir uns ggf. wehren können? Wie „erpressbar" sind wir?

Fragen im Bereich Verträge

Vorneweg: Es wäre ein Irrtum anzunehmen, dass das Thema „Verträge" nur dort wichtig ist, wo tatsächlich (schriftliche) Abmachungen zwischen externen Partnern, z. B. dem Auftraggeber und dem Auftragnehmer in einem Projekt bestehen. Absprachen mit vertraglichem Charakter existieren vielmehr in jedem Projekt. Auch die interne Fachabteilung kann der Auftraggeber für ein Projekt sein, das durch eine ebenfalls interne Organisationsabteilung abzuwickeln ist. Auch eine intern wirkende Produktentwicklung arbeitet an Projekten, deren Entwicklungsergebnisse dann vom Vertrieb weiterverkauft werden sollen.

Der Themenkreis „Verträge" hat einen zweifachen Charakter. Zunächst einmal bieten Verträge den Rahmen, in den die Inhalte im Einzelnen eingebracht werden. Die Richtigkeit und Klarheit der Formulierungen, die Gliederung und Logik sind damit Qualitätsmerkmale für Verträge. Die Fragen zu Vertragsinhalten werden in den einzelnen Punkten dieses Abschnitts bearbeitet. Hier wird es eher auf den Fachkenner ankommen, als auf den Juristen

Zum zweiten ist bei Verträgen zu berücksichtigen, dass bestimmte Formulierungen Rechtswirkungen entfalten können, die dem juristischen Laien nicht immer bewusst sind. Hier ist der Jurist gefragt, solche Konsequenzen zu erkennen.

Als Beispiel seien hier, in Bezug auf eine Vertragsauflösung, die Begriffe „rückgängig machen" und „aufheben" genannt. Für den Laien scheinbar gleich, gibt es juristisch erhebliche Unterschiede in der Wirkung. Beim „Rückgängig machen" gilt der Vertrag anschließend als nie geschlossen. Beim „Aufheben" bleibt dagegen bestimmte Wirkungen des Vertrages für den Zeitraum zwischen Vertragsschluss und Aufhebung erhalten.

Nun zu den Fragen im Einzelnen:

Thema: Eindeutiges Angebot mit Bindefristen, Ausschlüssen usw.

Fragen: Ist unser Angebot im Vorfeld des Projekts eindeutig und fehlerfrei? Kann daraufhin der Vertrag zustande kommen? Sind unsere Leistungen und deren Grenzen eindeutig beschrieben? Was ist, wenn der Auftraggeber so wie von uns angeboten abschließt (Ausschluss der Möglichkeit von Nachverhandlungen)?

Thema: Eindeutiger, schriftlicher, rechtlich verbindlicher Kundenvertrag

Fragen: Sind der oder die Verträge terminlich einwandfrei zustande gekommen? Besteht Kongruenz zwischen den Allgemeinen Geschäftsbedingungen? Bestehen eindeutige Regeln bei häufig besonders sensiblen Punkten? (Dazu gehören Fragen nach Regeln zu Haftungen – Ingenieurfehler, Montage- und Inbetriebsetzungs-Fehler –, auch für Folge- und andere Schäden, Obergrenzen und Ausschlüsse. Ebenso wichtig sind Regeln zu besonderen Anforderungen an Qualität und Standard von Ausführungen und Dokumentation sowie Bezugnahmen auf fremde Standards.)

Thema: Verträge mit Subunternehmern, Konsorten

Fragen: Sind die Verträge mit anderen Beteiligten von gleicher Qualität? Konnten an uns gestellte Anforderungen an Subunternehmer weitergegeben werden, wenn diese sie verantworten (z. B. bzgl. der Gewährleistung)?

Thema: Regeln für den Fall von Vertragsstörungen

Fragen: Gibt es Regeln zu Konsequenzen bei Vertragsstörungen, zu Verzugsentschädigungen und anderem Schadensersatz? Gibt es Regeln zur Vollstreckbarkeit, zu Gerichtsbarkeit, Gerichtsstand und Schiedsgerichten? Gibt es besondere (womöglich generalisierende) Klauseln, Einschränkungen, Rücktrittsrechte? Welche Risiken können dem Projekt daraus entstehen? (Dabei ist sowohl der Fall der erwarteten, als auch der Fall der möglichen konsequenten Inanspruchnahme der Regelungen durch die andere Partei zu berücksichtigen.)

Thema: Regeln zu Vertragsänderungen

Fragen: Bestehen Regeln zu Vertragsänderungen? Welche Regeln und Maßnahmen bestehen bei nicht zum ursprünglichen Vertrag konformer Abwicklung? Sind geregelte Verfahren für Änderungen der Leistung vereinbart („Changeorder-" und „Claim-Management-Verfahren")? In diesem Zusammenhang: Besteht die Möglichkeit des Einsatzes eines erfahrenen „Quantity-Surveyors" oder Claim-Managers bei der Gegenseite? (Daraus kann ein großes Risikopotential folgen, wenn seitens unseres Projekts keine entsprechende personelle und organisatorische Gegenposition aufgebaut ist.)

Thema: Sonstigen Regeln

Fragen: Sind Regeln für vorläufige und endgültige Abnahmen (PAC und FAC – Provisional oder Preliminary Acceptance Certificate, Final Acceptance Certificate), Rücknahmen von Garantien, Regeln für Gewährleistung usw. getroffen? Wie sehen diese aus und welche Risiken (oder Chancen) erwachsen uns daraus? Ist der Vertrag fachkundig geprüft worden, sowohl bzgl. seiner technischen, kaufmännischen und abwicklungsbezogenen Inhalte, als auch bzgl. seines juristischen Rahmens? Ist die Prüfung in allen Teilen des Vertrages bis zum Schluss intensiv erfolgt? Ist das „Kleingedruckte" mit geprüft?

Fragen im Bereich „Zulieferer, Subunternehmer"

Thema: Einsatz von Subunternehmern

Fragen: Ist der Einsatz von Subunternehmern mit dem Kunden abgeklärt? Wird der Einsatz von bestimmten Subunternehmern kundenseitig gefordert? Welche Möglichkeit der Steuerung und Einflussnahme bestehen unsererseits in diesem Fall?

Thema: Haftung für den Subunternehmer

Fragen: Sind die Regelungen zur Haftung für Subunternehmer abgeklärt und abgesichert? Wie lauten Regelungen zu Ausschluss bzw. Weitergabe von Haftungen und Gewährleistungen?

Thema: Einzelne Regelungen beim Einsatz von Subunternehmern

Fragen: Bestehen eindeutige Regeln zu Nebenkosten (Reisen, Dokumentationen), Regeln für Zwischenabnahmen, Vereinbarungen über Rücknahmen, Nachlieferungen u.ä.?

Thema: Regelungen zu Rechten Dritter

Fragen: Welche Regeln bestehen zu Schutzrechten, Patenten und sonstigen Rechten Dritter? Ist ggf. sichergestellt, dass diese nicht verletzt werden?

Thema Regelungen für die Zeit nach der Projektabwicklung

Fragen: Bestehen Regelungen über Garantie, Wartung, Ersatzteilhaltung der Subunternehmer? Bestehen Vereinbarungen zu Abnahmen und Abarbeitung von Mängellisten, Vereinbarungen über Rücknahmen und Nachlieferungen? Konnten im Minimum die von uns gegenüber unserem Auftragnehmer eingegangenen Verpflichtungen weitergegeben werden, wenn diese sich auf Leistungsteile von Subunternehmern beziehen?

Thema: Nebenleistungen von Subunternehmern und Lieferanten

Fragen: Bestehen Regelungen zu Ausbildungs-, Betreuungs- und anderen Aufgaben, sind die Ergebnisse solcher Maßnahmen eindeutig festgeschrieben?

Thema: Bonität der Partner

Fragen: Können berechtigte Forderungen gegenüber Subunternehmern ggf. auch durchgesetzt werden? Bestehen z. B. Garantien zur Fertigstellung (bankbürgschaftsgesichert) bzw. zur Gewährleistung (durch Gewährleistungsversicherungen abgesichert)?

Thema: Regelungen bei Ausfall von Fremdpersonal

Fragen: Hat der Subunternehmer Vorsorge für den Ausfall seines Personals getroffen? Was geschieht z. B. in dem Fall, dass wir Schlüsselpersonal fremd einkaufen (müssen) wenn es hier zu Ausfällen kommt?

Thema: Schäden durch Fremdpersonal

Fragen: Bestehen Regelungen und Maßnahmen zur Vorsorge gegen fahrlässige, grob fahrlässige und vorsätzliche Schäden durch Fremdpersonal? Welche Möglichkeiten bestehen, solche Forderungen auch durchzusetzen?

Fragen im Bereich „Personal/Organisation"

Thema: Projektleitung

Fragen. Ist der Projektleiter für seine Aufgabe befähigt und erfahren genug und ist ausreichende Verfügbarkeit gewährleistet? (Fordert dieses Projekt vielleicht den zu 100 % engagierten Projektleiter, aber die dafür vorgesehene Person hat parallel noch zwei andere Projekte dieser Qualität zu bewältigen? Je komplexer und u. U. mit Problemen belastet Projekte sind, desto größer sind die Ansprüche an den Projektleiter. Werden hier wenig erfahrene Projektleiter eingesetzt, wächst die Gefahr des Scheiterns.)

Thema: Projektinterne Organisation

Fragen: Besteht eine eindeutige projektinterne Organisation? Sind die Verfügbarkeit der dem Projekt zugeordneten Mitarbeiter geregelt (Vollzeit oder definiert zeitweise)? Hat der Projektleiter die notwendigen Führungskompetenzen (fachliche, dispositive und disziplinarische Führungskompetenz)? Wie ist das Durchsetzungsvermögen des Projektleiters (z. B. bei stabsartig organisierten Projekten)? Ist die Verfügbarkeit des eigenen Personals kontinuierlich gesichert? Welche sonstigen Kompetenzen hat der Projektleiter (z. B. im Einkauf)?

Thema: Vorsorge bei Personalausfall

Fragen: Bestehen Regelungen und Vorsorgemaßnahmen bei Personalausfall (Stellvertretung, insbesondere beim Projektleiter, bei Teilprojektleitern und anderen Erfahrungsträgern)?

Thema: Projektexterne Organisation

Fragen: Besteht eine eindeutige projektexterne Organisation? Wie lauten die Regeln zu Entscheidungsträgern im Unternehmen und zum Kunden? Wie sind die Entscheidungswege, welche Instrumente und organisatorischen Regeln gibt es zur Entscheidungsfindung?

Thema: Befugnisse Dritter

Fragen: Welche Regelungen zu Befugnissen von Kundenberatern, Consultants, Ing.-Büros, Planern usw. gibt es? Sind deren Einflussmöglichkeiten und Verantwortungen eindeutig geregelt und akzeptabel?

Fragen im Bereich „Kommerzielles"

Thema: Finanzielle Kalkulation

Fragen: Wurde eine realitätsnahe Kalkulation erstellt? Mussten besondere Vorgaben (z. B. aus vertrieblichen Gründen) erfüllt werden? Kann der Projektleiter die Kalkulation vertreten?

Thema: Kostenänderungen

Fragen: Wurden die Möglichkeiten von Preissteigerungen, Lohnkostensteigerungen, Währungsrisiken (in verschiedenen möglichen Richtungen) usw. berücksichtigt?

Beispiel: Eine deutsche Firma sollte eine Anlage nach Südostasien liefern, für die Zahlung nach Leistungsfortschritt vereinbart war. Die ersten zwei Raten wurden in Landeswährung, die dritte damals noch in DM bezahlt. Es kam zu einer Verzögerung in der Ablieferung und somit zu einer Verspätung in der Verpflichtung zur Zahlung der dritten Rate. Eben in diese Zeit der Verspätung fiel die asiatische Währungskrise, so dass der zu zahlende DM-Betrag für den Kunden (unverschuldet) wesentlich teurer zu werden drohte. Letztlich musste seitens des Lieferanten ein Nachlass gewährt werden, weil der Kunde zwar keine Kurssicherung betrieben hatte, der Schaden aber durch die Verzögerung des Lieferanten entstanden war, der seinerseits hier natürlich für den in DM zu zahlenden Betrag ebenfalls keine Kurssicherung betrieben hatte. Insgesamt eine unerwartete Konstellation, da an und für sich gerade die Schlusszahlung in der eigenen Währung als bzgl. der Wechselkurse risikolos angesehen wird.

Thema: Bonität der Partner

Fragen: Wurde die Bonität von Kunden, von anderen Projektpartnern und insbesondere von Konsorten geprüft? Könnte der Eintritt in ein spätes, stilles Konsortium mit entsprechender Mithaftung für Konsorten gefordert werden?

Beispiel: Ein ebenso unsauberer wie leider immer wieder vorkommender „Trick" wird wie folgt betrieben. Ein finanziell potentes Unternehmen wird als möglicher Subunternehmer im Projekt eines weniger soliden Generalunternehmers (GU) angefragt und bietet entsprechend an. Kurz vor Vergabe des Auftrags und nachdem bereits erhebliche Angebots- und Vorlaufkosten angefallen sind, wird dann anstelle der Mitarbeit als Subunternehmer der Eintritt in ein „stilles Konsortium" mit dem GU gefordert. Konsequenz: Für das angefragte Unternehmen ergeben sich plötzlich durch die Einbindung in ein Konsortium zusätzliche Haftungsrisiken, die vorher nicht berücksichtigt und für die keine Vorsorge betrieben wurde; im Fall der Ablehnung droht aber der Verlust des Auftrags.

Thema: Pönalen

Fragen: Sind kundenseitig Pönalen (Vertragsstrafen für Terminverzug) auf End- und Zwischentermine gefordert? Decken diese Pönalen alle Schadensersatzansprüche gegen uns ab oder können darüber hinaus und zusätzlich andere Schäden geltend gemacht werden? Sind unsere Pönale-Vereinbarungen zu unseren Subunternehmern kongruent (bzgl. Fristen, Höhe) mit den Forderungen, die an uns gestellt werden können?

Thema: Zahlungsbedingungen

Fragen: Sind Regeln über Voraussetzungen und Fälligkeit von (Teil- und Abschluss-) Zahlungen eindeutig? Sind „Back-to-back-Verträge" geschlossen worden und wenn ja, zu welchen Bedingungen?

Beispiel: Ein typischer „Back-to-back-Vertrag" kann als Hauptaussage beinhalten, dass der Unterauftragnehmer alle Verpflichtungen und Bedingungen akzeptiert, die der Hauptauftragnehmer (Generalunternehmer) dem Endkunden gegenüber eingegangen ist. Die aus Sicht eines Unterauftragnehmers mögliche negative Wirkung eines solchen Vertrages kann darin bestehen, dass damit die Zahlung des Generalunternehmers an den Unterauftragnehmer nicht nur von dessen Leistung abhängig ist, sondern auch von der Zahlung des Endkunden an den Generalunternehmer. Somit muss der Unterauftragnehmer zwar leisten, daraus leitet sich aber noch kein Anspruch auf unmittelbare Zahlung ab.

Thema: Sonstige Regelungen

Fragen: Sind Regeln zu Versicherungen und Lieferbedingungen eindeutig? Besteht Kongruenz zwischen den Versicherungen und den Regeln zu Gefahrenübergängen? Können neue zusätzliche Regeln, z. B. zu Unfallschutz, Arbeitssicherheit u. ä., Auswirkungen auf die finanzielle Kalkulation haben? Sind solche Änderungen absehbar oder zu befürchten? Sind die Folgen von Änderungen berücksichtigt?

Fragen im Bereich der projektexternen Bedingungen und Voraussetzungen

Thema: Externe Voraussetzungen

Fragen: Sind alle rechtlichen und anderen normativen Voraussetzungen erfüllt?

> **Achtung:**
> Zu solchen Genehmigungsverfahren gehören neben gesetzlichen Regeln und Ausführungsbestimmungen auch verbindliche Normen (inkl. z. B. Werksnormen des Kunden) sowie allgemein anerkannte Regeln der Technik und Ausführung.

Thema: Projektexterne Einflüsse

Fragen: Sind die möglichen Einflüsse aus innerbetrieblicher und öffentlicher Meinungsbildung und Einflussnahme (Stakeholder) berücksichtigt? Können sich Einflüsse aus dem sozialen, politischen und wirtschaftlichen Umfeld ergeben?

Thema: Umfeld und Bedingungen aus Kundensicht

Fragen: Was sind die Motivation und die Bedingungen für das Projekt aus Kundensicht? Können sich Rahmenbedingungen hier so ändern, dass daraus geänderte Verhaltensweisen, verschärfte Anforderungen oder Verlagerung von Risiken auf uns folgen? Können sich Änderungen bei den geforderten Projektergebnissen ergeben? (Im Extremfall: kann für den Kunden eine Situation entstehen, in der er das Projektergebnis gar nicht mehr will, z. B. weil es für ihn nicht mehr in der anfangs vorgesehenen Weise verwertbar ist.)

Beispiel: Der Kunde eines Bauprojekts plante, das erstellte Gebäude lukrativ zu vermieten. Während der Projektabwicklung fallen die Mietpreise mit dem Ergebnis, dass das Objekt die vom Auftraggeber erwartete Rendite nicht mehr erreicht. Die mögliche Konsequenz ist, dass der Auftraggeber versucht, den Projektabschluss möglichst hinauszuzögern, um somit die fällige Übernahme, Schlusszahlung usw. zu vermeiden. In dieser Situation spielen z. B. formal korrekte Abwicklung, Abnahmen u. ä. plötzlich eine ganz andere Rolle, als wenn beide Seiten an einem reibungslosen und schnellen Abschluss interessiert wären.

Thema: Überregionale und regionale politische Voraussetzungen

Fragen: Gibt es unterstellte oder in die Projektplanung eingearbeitete Voraussetzungen und Bedingungen politischer Art? Gibt es besondere Förderer oder Gegner des Projekts? Ist das Projekt „politisch gewollt" und wird so unterstützt? Wird es im Gegenteil bei Änderungen nicht mehr unterstützt, kann es z. B. zu einem Wegfall finanzieller Förderungen kommen?

Thema: Auswirkung anderer (paralleler) Projekte

Fragen: Werden beim Kunden direkt oder in seinem Aufmerksamkeitsbereich andere Vorhaben durch uns oder unsere Partner abgewickelt, bei denen mögliche negative Entwicklungen auch Auswirkungen auf unser Projekt haben könnten? (Dies könnte sich seitens unseres Kunden in allgemeinem Unmut ausdrücken, bis hin zu höherer Sensibilität gegenüber tatsächlichen oder vermeintlichen Fehlern unsererseits. Diese wiederum könnten ihren Ausdruck auch in einer kritischeren Beurteilung sowie verstärkten Auflagen und Kontrollen unserer Leistungen finden.)

Fragen und Besonderheiten im Bereich Auslandsgeschäft

Projekte im Ausland oder mit ausländischen Partnern können zusätzliche abwicklungstechnische, juristische oder mentale Probleme mit sich bringen, von denen nachfolgend einige Möglichkeiten angesprochen werden.

Thema: Vertragliche Regeln

Fragen: Gibt es eine Hierarchie der Verträge und Vertragssprachen? Sind vertragliche Regeln in verschiedenen (fremden) Sprachen eindeutig? Sind die Begriffe soweit möglich kongruent?

> **Achtung:**
> Wenn das nicht so ist, sollte dem Vertrag ein möglichst umfassender Katalog mit Definitionen vorangestellt werden. Dieser kann bei großen Verträgen leicht mehr als hundert Begriffe umfassen. So mühsam diese Arbeit am Anfang sein mag, sie lohnt sich später in der Projektabwicklung und erst recht bei wiederholten Projekten.

Thema: Besondere oder abweichende Bedingungen

Fragen: Gibt es besondere oder abweichende Bedingungen (z. B. bei den Rechtsgrundlagen), eine erweiterte Haftung, Regelungen bei Vertragsauflösungen?

Thema: Umgang mit Institutionen

Fragen: Gibt es Besonderheiten im Umgang mit staatlichen oder privaten Institutionen wie Ämtern, Behörden aber auch Berufsverbänden, Gewerkschaften, Bürgervertretungen u. ä.?

Thema: Kalkulation von speziellen Nebenkosten

Frage: Beinhaltet die Kalkulation spezielle Nebenkosten wie Zölle, Steuern, Abgaben? Können diese sich während der Projektlaufzeit ändern?

Thema: Besondere Bedingungen

Fragen: Bestehen besondere Einfuhr- und Ausfuhrbedingungen bzw. -verbote (sowohl auf Seiten des exportierenden oder des importierenden Landes)? Sind besondere Ein- und Ausreisebedingungen zu beachten (generell oder bezogen auf einzelne Personen oder Personengruppen)? Können sich diese nachteilig ändern?

Thema: Sprach- und entfernungsbedingte Kommunikationsprobleme

Fragen: Sind alle möglichen Beschränkungen und Besonderheiten aus räumlicher Entfernung berücksichtigt, z. B. Zeitverschiebungen, verschiedene Normen o. ä.

Thema: Kompensations- und ähnliche Geschäfte

Fragen: Sind mit dem Projekt andere Projekte oder Geschäfte verbunden, z. B. sollen der Preis oder Teile davon über andere Geschäfte, Lieferungen aus dem Projekt o. ä. bezahlt werden?

Beispiel: Der Kunde kauft eine technische Anlage, um damit landeseigene Rohstoffe zu veredeln. Zur Bezahlung der Anlage werden Lieferungen aus der mit der Anlage erzielten Produktion vereinbart. Das zusätzliche Risiko des Auftragnehmers liegt dann im Verkauf dieser Produkte.

Thema: Spezielle Klauseln und Versicherungen

Fragen: Sind die speziellen Risiken über besondere Regeln und Maßnahmen bei höherer Gewalt (Force-Majeure-Klauseln) im Projektvertrag oder durch Versicherungen (Kreditversicherung, Hermesdeckung) abgesichert?

Thema: Weitere Besonderheiten im Auslandsprojekt

Fragen: Sind örtliche Gegebenheiten (Umwelt, Klima, Temperaturen, Luftfeuchte), Mentalitäten, ethnische oder religiöse Besonderheiten, die das Projekt beeinflussen könnten, in der Projektplanung berücksichtigt?

Typische Chancenfelder

Die Suche nach Chancen gestaltet sich gegenüber der Suche nach Risiken schwieriger. Anscheinend ist es leichter, Risiken zu identifizieren, als Chancen, vielleicht auch, weil man von vornherein eher optimistisch plant. Für mögliche Chancen im Projekt werden im Folgenden einzelne Suchfelder und mögliche Einzelfragen genannt, die typisch für den Anlagenbau sind, auf andere Anwendungsgebiete aber übertragen werden können.

Chancen aus der Spezifikation und Technik

Thema: Mitgestaltung der Ausschreibungen

Fragen: Können wir die Definition der vom Kunden angefragten Leistungen bereits im Vorfeld der Ausschreibung beeinflussen? Kann das so geschehen, dass dadurch Lösungsansätze oder Komponenten gefordert werden, die von uns bei anderen Projekten bereits entwickelt und erprobt wurden? (Die Wirkung bestünde in Einsparungen bei Zeit und Kosten. Evtl. können in die Ausschreibung auch Merkmale eingearbeitet werden, die nur oder besonders gut durch uns erfüllbar sind. Dabei ist später darauf zu achten, dass die Mitbewerber auch tatsächlich anbieten, was ausgeschrieben wurde!)

Thema: Interpretation funktionaler Ausschreibungen

Fragen: Ist die Ausschreibung so gestaltet, dass uns vorteilhafte Gestaltungsfreiräume bzgl. der anzuwendenden technischen Lösungen bleiben?

Thema: Einsatz eigener/bekannter Standards

Fragen: Können wir bei oder nach der Auftragserteilung bzw. -bestätigung auf Spezifikationen so Einfluss nehmen, dass wir die uns bekannten Lösungen zum Einsatz bringen können? (Wirkung wäre wie oben.)

Thema: Einkaufsvorteile durch Standardisierung/Abstimmung mit anderen, Verwendung von Standard-Komponenten

Fragen: Können wir so Einfluss nehmen, dass von uns auch für andere Projekten eingekaufte Vorprodukte zum Einsatz kommen können? (Die Wirkung liegt im Erzielen von Einkaufsvorteilen wegen größerer Mengen, Vereinfachung der Ersatzteilhaltung, beim Service und bei der Dokumentation.)

Thema: Anreichern der ursprünglichen Leistung mit besonderen eigenen Stärken bzw. vorhandenen Lösungen

Fragen: Können wir Fähigkeiten zu besonderen Leistungen unsererseits ins Projekt mit einbringen? (Dazu gehört auch besonderes Know How im Projektmanagement, z.B. bei der Erstellung von Terminplänen mit Angaben zu Art, Verantwortlichen und Zeitpunkt von Zulieferungen. Die Wirkung wäre, dass wir unentbehrlicher werden. Dem Kunden wird das Gefühl vermittelt, hierdurch zusätzliche und exklusive Leistungen zu erhalten. Außerdem ergibt sich für uns die Möglichkeiten der Einflussnahme auf die Planung, z. B. der Termine und Zulieferungen. Schließlich kann so sichergestellt werden, dass die Anforderungen an andere Projektbeteiligte so deutlich ausgearbeitet sind, dass sie entweder erfüllt werden, und wenn nicht, dass wenigstens das Möglichste dazu getan wurde.)

Chancen aus der Abwicklung des Projekts

Thema: Zusammenarbeit

Fragen: Besteht die Möglichkeit einer besonders engen Zusammenarbeit mit dem Kunden und anderen Beteiligten von Projektbeginn an? Kann eine gemeinsame Definition der Projektziele mit Kunden und Anwendern erfolgen? (Die Wirkung liegt in der Möglichkeit zur Entwicklung von Synergien ähnlich wie in den Vorphasen.)

Thema: Einbindung von Nutzern

Fragen: Sind der direkte Auftraggeber und der spätere Nutzer identisch? Können durch frühzeitige Einbindung der späteren Nutzer zusätzliche Erkenntnisse erlangt und dem Projekt so größere Erfolgschancen gegeben werden? (Eine zusätzliche Wirkung wird darin liegen, dass die spätere „Hemmschwelle" bei der Einführung gesenkt wird. Menschen lieben im Allgemeinen keine Veränderungen, wenn sie keinen zusätzlichen Nutzen für sich darin sehen. Diesen gilt es zu vermitteln.)

Thema: Abwicklungsstandards

Fragen: Können die eigenen Abwicklungsstandards im Projekt als allgemeingültig durchgesetzt werden, z. B. bei der Bearbeitung von Mehrungen und Claims? (Die Wirkung liegt dann darin, dass zunächst überhaupt die Chance auf eine geordnete Abwicklung geschaffen wird, zum zweiten dann noch in einer uns bekannten und bei uns bewährten Weise.)

Thema: Standards zu Projektplanung und Projektmanagement.

Fragen: Können die eigenen Standards zur Projektplanung und zum Projektmanagement durchgesetzt werden? („Management" gilt dabei auch z. B. für Projekt-Besprechungen, Dokumentation, Entscheidungsprozess im Projekt. Die Wirkung wäre ähnlich der oben.)

Thema: Zusätzliche Planungs- und Managementfunktionen

Fragen: Kann im Laufe des Projekts, bei dem evtl. nur ein Teil bearbeitet wird, die Übernahme von Planungs- und Managementfunktionen für den Kunden über den Umfang des eigenen Projekts hinaus erreicht werden? Kann in diesem Fall vielleicht die Funktion einer „Assistenz für die Gesamt-Projektleitung" erreicht werden? (Die Wirkung läge in mehr Einflussnahme auf das Projekt, evtl. sogar der Generierung zusätzlichen Umsatzes für Dienst- und Beratungsleistungen.)

Thema: Öffentliche Meinung

Fragen: Können wir zusätzliche unternehmensexterne und -interne Unterstützung für unser Projekt gewinnen? Können „Meinungsbildner" im Projekt eine Hilfe sein und uns gegen eventuelle Widrigkeiten schützen?

Anhang B
Formblätter

Übersicht

- Formblatt 0: Nominale Gruppentechnik (NGT)
- Formblatt 1: Analyse möglicher Kausalketten
- Formblatt 2: Maßnahmen für mögliche Chancen im Projekt
- Formblatt 3: Maßnahmen gegen mögliche Risiken im Projekt
- Formblatt 4: Tabelle zur Situations-, Maßnahmen-, und Ergebnis-Analyse (SMEA) für Projekte
- Formblatt 5: SMEA-Risiko-Management-Detailblatt
- Formblatt 6: SMEA-Chancen-Management-Detailblatt
- Formblatt 7: SMEA erweitert – Risiko- und Maßnahmen-Übersicht
- Formblatt 8: Detailblatt zur SMEA erweitert – Risiko- und Maßnahmenanalyse
- Formblatt 9: Fehler-, Möglichkeiten- und Einfluss-Analyse (FMEA) für Projekte

Sie finden diese zum Teil mehrseitigen Formblätter auf der beiliegenden CD im Format Microsoft Word. Die Formblätter sind klar und übersichtlich gestaltet und können leicht Ihren individuellen Anforderungen angepasst werden.

Stichwortverzeichnis

Werkvertrag, 148

Zusagen, 33

Z
Zeit
-ablauf, 141
-risiko, 26
-verzug, 34